GEORG QUEDENS

DIE HALLIGEN

W0219237

BREKLUMER VERLAG

Bildnachweis:
Andreas Busch †, Nordstrand, Seite 14
Hans Hoffmann, Husum, Seite 93, 94, 110
G. Oetken, Seite 34, 119, Jens Töwe, Seite 103
Alle übrigen stammen aus dem Archiv des Verfassers
Die Luftaufnahme Hallig Hooge Seite 90
ist freigegeben unter der Nr. SH 1-43111

13. Auflage 1994, mit vielen Farbbildern ergänzt

© 1975 Breklumer Verlag
Gesamtherstellung: Breklumer Druckerei Manfred Siegel KG
Printed in Germany
ISBN 3-7793-1114-3

Inhalt

Vorwort

Auf Fotos und farbigen Karten von Luftbild-Atlanten und unter den Augen der Seevögel liegen die Halligen als grüne Inseln im grauen Wattenmeer. Von den Deichen des Festlandes, von Pellworm und Nordstrand, vom Strand der Insel Föhr und den Amrumer Dünen und vom fahrenden Schiff aus gesehen, erscheinen sie wie flache Striche über dem Horizont. Gegen die Helligkeit des Meereshimmels sind nur die Warften mit ihren Häusern deutlich sichtbar, wie Schiffe, die auf einer Reede vor Anker gegangen sind.

Die jahrhundertelange Auseinandersetzung mit dem Meer und die isolierte Lage der Halligen hat das Dasein der Bewohner geprägt, das sich, von äußeren Einflüssen nahezu unberührt, aus naturbedingten Zwängen heraus bis in die Gegenwart hinein ohne wesentliche Veränderungen vollzog. Gerade diese altertümliche Lebensart hat dazu beigetragen, in der Außenwelt romantische Vorstellungen über das Halligleben zu verbreiten. Erst in der Gegenwart hat die technische Entwicklung eine Brücke zur Halligwelt geschlagen und manche Lebensart, allerdings auch den anheimelnden Siedlungs-Charakter verändert. Nach 1960 sind fast alle Halligen über den sommerlichen Ausflugsverkehr hinaus Fremdenverkehrs-Inseln geworden, wo Betten an Kurgäste vermietet werden. Von Jahr zu Jahr ist der Strom der Halligbesucher gewachsen. Dieses kleine Buch soll die Besucher durch das Halligmeer führen und dazu beitragen, das Erlebnis von Landschaft und Leuten zu vertiefen.

Die Entstehung der Halligwelt

Kaum eine andere Landschaft unserer Erde hat noch während der letzten Jahrhunderte, also in erdgeschichtlicher Gegenwart, eine so großflächige Veränderung erlebt, wie der nordfriesische Küstenraum mit seinen Inseln und Halligen. Wo heute die graugrüne Flut des Wattenmeeres rauscht und bei Ebbe riesige Flächen von Sand und Schlick freifallen, lag vor knapp tausend Jahren noch ein ausgedehntes Land von Mooren und Marschen. Es war nur hier und da von Wasserläufen zum Meere hin aufgeteilt und im Westen, zur Nordsee hin, begrenzt von sandigen Wällen oder Geesthöhen aus Altmoränen der Saaleeiszeit, die wir heute in den Inseln Sylt, Föhr und Amrum, aber auch in den vom Meere abgebauten bzw. überfluteten Flächen der Amrum-Bank und an der Hevermündung finden.

Die scheinbar logische Schlußfolgerung, daß es sich bei den Halligen und Marscheninseln um Reste dieses früheren Landgebietes handelt, trifft jedoch nur für die Marscheninseln Pellworm und Nordstrand sowie bedingt für die Hallig Nordstrandisch-Moor zu. Bei den anderen Halligen handelt es sich weitgehendst um Neuauflandungen von Schlickschichten aus der Flut, – ein Vorgang, der sich fast parallel zur Überflutung und Zerstörung des nordfriesischen Küstenraumes vollzog.

Die Ursache dieser umfangreichen Landschafts-Veränderung ist vor allem in Zusammenhang mit der Eiszeit zu sehen. Während in den Kälteperioden mit Gletschervorstößen ein Teil des irdischen Wassers durch die Eisbildung gebunden wurde und dabei der Meeresspiegel bis um 100 m fiel, hob sich in den Wärmeperioden, den Zwischeneiszeiten, der Meeresspiegel durch das Abschmelzen des Eises, so daß weite Gebiete von flachen Küstenländereien überflutet wurden. Dieser Vorgang wiederholte sich mit seinen bis in die Gegenwart hineinreichenden Auswirkungen, als vor etwa 20 000 Jahren der bisher letzte Gletschervorstoß der fast eine Million Jahre dauernden Eiszeit zu Ende ging.

Das Ende dieser Kälteperiode bedingte ein erneutes Vordringen des Meeres. Das bis über die Doggerbank hin trocken liegende Nordseebecken wurde allmählich wieder überflutet, wobei sich der Anstieg des Meeresspiegels einmal langsamer, dann in sogenannten Transgressionen zeitweilig rascher vollzog.

Mit der Litorina-Transgression kurz vor unserer Zeitrechnung erreichte der Meeresspiegel zunächst einen vorläufigen Höhepunkt. Dann folgte ein Stillstand des Anstiegs, vermutlich sogar eine vorübergehende Senkung um ein bis zwei Meter. In dieser Zeit begann im Lee der Geestinseln und -bänke die Ablagerung und Aufschlickung großflächiger Marschen, die schließlich durch den Schutz der Geesthöhen und aufgespülter Sandwälle weitgehendst dem Einfluß des Meeres entzogen wurden.

Nach Aussüßung des Grundwassers kam es auf diesen Flächen zur Bildung von Hochmooren mit ausgedehnten Schilffeldern, aber auch Wäldern, von denen noch heute Reste im Wattenmeer, z. B. am Westufer von Föhr und bei Gröde, zu finden sind.

Ein erneuter Anstieg des Meeres um etwa 2 m, die sogenannte Dünkirchen-Transgression um Christi Geburt, führte dann zur Überflutung und umfangreichen Zerstörung der vorzeitlichen Marschen und Moorflächen, jedoch auch zu neuerlichen Schlickablagerungen aus den Überflutungen. Dabei wurden die Moore weitgehendst von Marschboden überlagert. Dem Abklingen der Transgression folgte wieder eine Ruhephase.

Wie Funde von Flintdolchen und -sicheln beweisen, wurden die damaligen Landgebiete von der vor- und frühzeitlichen Bevölkerung der Geestinseln als Jagd- und Weidegründe genutzt. Eine feste Besiedlung dieses Landschaftsraumes scheint jedoch erst in der Zeit um 1000 n. Chr. durch einwandernde Friesen erfolgt zu sein, die durch den Bau von Entwässerungs-Systemen und Deichen die Wildnis der Moore und Niederungen in eine fruchtbare Kulturlandschaft verwandelten. Pflugfurchen im Rungholt-Watt, aber auch weiter nördlich im Raum der Hallig Hooge deuten auf eine intensive Landnutzung hin, die sich nicht nur auf die Viehhaltung beschränkte. Unabhängig von der Lage zum Meere oder eines vorhandenen Deichschutzes gilt als sicher, daß die Siedlungen bereits auf Warften lagen.

Deichbau und Entwässerung bewirkten aber eine Austrocknung der 1–2 m mächtigen Torfschicht unter der Marsch und damit eine Sakkung des ohnehin zum Meeresspiegel niedrigen Landes. Der Abbau von Torfschichten zwecks Gewinnung des darunter liegenden Kulturbodens oder für die Salzsiederei (siehe S. 33) bewirkten eine zusätzliche Senkung des Landniveaus. Unbewußt trug so der Mensch zur nachfolgenden Zerstörung dieses Landes bei. Spätestens vom 12.

Jahrhundert an kam es erneut zu Einbrüchen und Zerstörungen durch das Meer. Die einzelnen Landschaftsteile der »Uthlande«, wie sie um diese Zeit bereits genannt wird, die bisher nur durch Priele voneinander getrennt waren (siehe Karte S. 12), wurden durch Wattenflächen und breiter und tiefer werdende Wattenströme auseinandergerissen. Während sich einerseits durch die auch in der Gegenwart noch stattfindende Ablagerung von Schlick aus den täglichen Fluten und aus Sturmfluten neues Halligland bildete und Schicht um Schicht erhöhte, kam es gleichzeitig an den ungeschützten Ufern zu fortschreitenden Abbrüchen. Ursache dafür waren der weitere Anstieg des Meeresspiegels und die großen Sturmfluten.

Landanwachs durch Sedimentation und Abbruch durch das Meer blieben Jahrhundert um Jahrhundert im Wechselspiel, doch die Zerstörung überwog. Die zwischen dem 13. und 16. Jahrhundert über versinkenden Marschen und Mooren der Uthlande aufgebauten Halligen verloren bis 1900, dem Beginn des Küstenschutzes, mehr als die Hälfte ihrer Landfläche. Einige Halligen verschwanden ganz.

Im Gesamtbereich des nordfriesischen Wattenmeeres begann jedoch durch Landgewinnung und Eindeichungsmaßnahmen, durch Uferschutz und Dammbauten an der Festlandsküste der Zugewinn an Landfläche seit dem 19. Jahrhundert die Landverluste zu überwiegen. Mehrere Halligen, so Galmsbüll, Dagebüll, Fahretoft, Ockholm u. a. wurden durch diese Maßnahmen landfest, d. h. ein Bestandteil der Festlandsküste.

Erwähnenswert ist, daß sich die Erkenntnisse über die Landschaftsentwicklung an unserer Küste noch bis in die jüngste Zeit gewandelt haben. In den Bänden von-Prof. Friedrich Müller über: »Das Wasserwesen an der schleswig-holsteinischen Nordseeküste – Die Halligen« wird noch 1917 die durch den Geologen W. Ordemann aufgestellte Ansicht, daß es sich bei den Halligen um ganz junge, erst nach dem Mittelalter aufgewachsene Gebilde handelt, als unzutreffend abgelehnt. Im gleichen Werk nimmt die Frage der Bodensenkung einen breiten Raum ein, während der Anstieg des Meeresspiegels in der Nacheiszeit unberücksichtigt ist. Heute werden die Akzente umgekehrt gesetzt, der Landsenkung als Folge isostatischer Bewegung durch die Gewichtsverlagerung des abgeschmolzenen Eises wird der geringere Einfluß auf die Überflutung des Küstenraumes zugeschrieben.

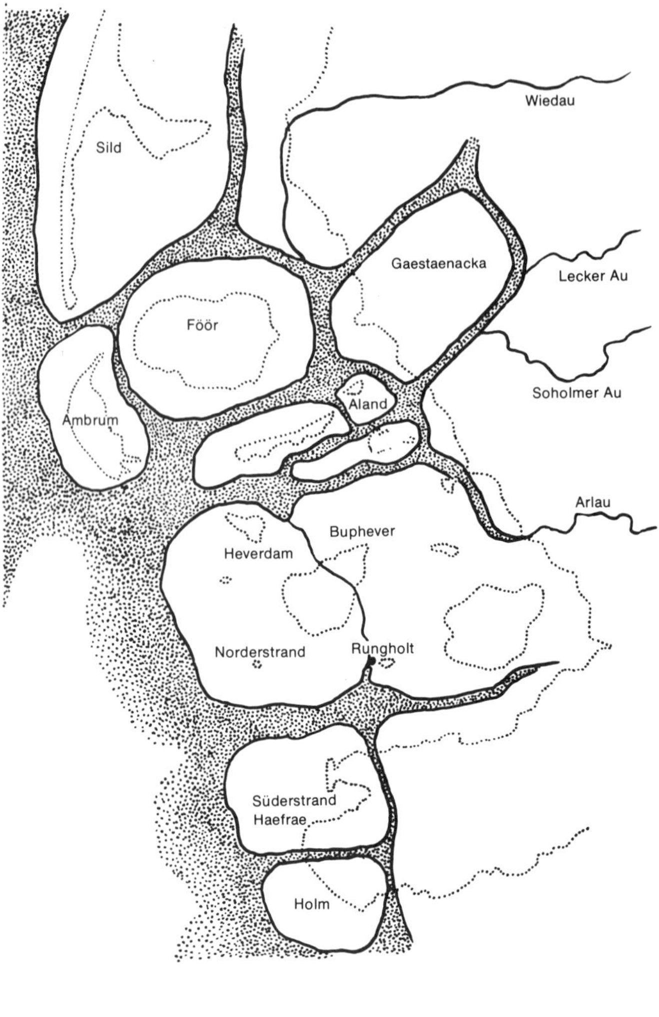

Das ungefähre Landschaftsbild Nordfrieslands nach dem Erdbuch von Waldemar II. im Jahre 1231

Rungholt

Im Rahmen der Landschaftsentwicklung im heutigen nordfriesischen Wattenmeer nehmen zwei Ereignisse einen besonderen Rang ein: Die Rungholtflut im Jahre 1362 und der Untergang Alt-Nordstrands im Jahre 1634 (siehe S. 20).

Die Entdeckung des legendären Hafenortes Rungholt im Watt bei der Hallig Südfall und die seitdem betriebene Rungholt-Forschung haben wesentliche Fragen dieser Entwicklung beantwortet.

Im Jahre 1921 machten Arbeiter des Marschenbauamtes den Nordstrander Landwirt Andreas Busch auf eine Anzahl von Kulturspuren nahe Südfall aufmerksam. Andreas Busch vermutete bald nach Besichtigung dieser Fundstelle, daß es sich um die Spuren des versunkenen Rungholts handelte, eine Vermutung, die schließlich auf Grund zahlreicher Begehungen und Nachforschungen im Watt um Südfall bestätigt wurde.

Ohne Zweifel handelte es sich auch um den gleichen Ort, der um 1630, jedenfalls noch vor dem Untergang von Alt-Nordstrand, von dem Chronisten Peter Sax gesehen und wie folgt beschrieben wurde: »Zwischen Nordtstrand und Eiderstede kann man hinwieder zeigen die Werfte, da Häuser gestanden, desgleichen Söde, Wege, Gräben und Äcker. Man kann finden Kessel, Grapen u. a. Utensilia. Man sieht Steinbrücken, Kuhställe u. a. unzehlige Dinge . . .«

Erst Jahrhunderte später legte das Meer diese von Sand, Schlick und Halligland überdeckte Stätte wieder frei. Sie wurde in den dem Entdeckungsjahr 1921 folgenden Jahrzehnten von Andreas Busch vermessen, kartographiert und photographiert, bis schließlich das Meer die an der Oberfläche liegenden Kulturspuren weitgehend abgebaut hatte. Zahlreiche Gegenstände, von Topfscherben bis zu Eichenbalken von Schleusentoren, wurden geborgen und in die Obhut des Nissenmuseums in Husum gegeben. Durch eine Fülle von Veröffentlichungen wurde die Rekonstruktion des Hafenortes Rungholt dokumentiert.

Bis zuletzt hat Andreas Busch an seinem Lebenswerk gearbeitet. Er starb am 7. Juli 1972 im 90. Lebensjahr auf seiner Heimatinsel Nordstrand. Ein Stück Geheimnis hat sich Rungholt jedoch bewahrt: Der größte Teil dieses Ortes lag unter der Oberfläche des jüngeren Halliglandes von Südfall und kam erst durch den Abbau dieser Hallig zutage. Seit 1936 ist das Halligufer jedoch geschützt und der Rest von Rungholt ruht nunmehr gesichert unter Südfall.

Brunnenring und Deichrest im Rungholt-Watt südwestlich der Hallig Südfall

Pflugfurchen aus dem 14. Jahrhundert im Watt nördlich der Hallig Südfall

Die Halligen in der Geschichte

Die Bezeichnung »Hallig« ist nicht sicher zu deuten. Während A. L. J. Michelsen in »Nordfriesland im Mittelalter« den Begriff Hallig mit *hol* - niedrig (vergl. *Hol*-ebbe oder *Hol*-land) gleichsetzt, wird von anderer Seite angenommen, daß darin die Bedeutung »Salzland« (hall - Salz) steckt.

Im bischöflichen Zinsbuch von Schleswig tritt Anno 1509 die Bezeichnung »Halgen« als älteste Benennung dieser eigentümlichen Inselwelt auf. Bereits Anno 1187 wird der Landschaftsraum vor der eigentlichen Festlandsküste »Utland« genannt, wozu auch Eiderstedt gehört. Gleichzeitig kommt auch der Ausdruck »Strand« vor, der von 13 Harden der Uthlande die Edomsharde, Pellwormharde, Wyriksharde, Beltringharde und Lundenbergharde umfaßt, also den Kern der späteren Insel Strand bzw. Alt-Nordstrand und ihre Umgebung betrifft.

Die nach »Danmarks Rigshistorie« hier im 11. Jahrhundert aus der Gegend des Zuidersees eingewanderten Friesen waren sogenannte »Königsfriesen«, die nicht dem Herzog von Schleswig, sondern dem dänischen König unterstanden. Sie regelten ihre inneren Verhältnisse mit einer gewissen Selbstverwaltung.

Im Erdbuch des dänischen Königs Waldemar II. aus dem Jahre 1231 werden einzelne Inseln und Landesteile der Uthlande genannt, doch ist bis heute umstritten, für welche Halligen oder Halliggebiete die Zitate »Gaestanacka«, »Hwaelae minor«, »Hwaelae major« zutreffen. Lediglich »Aland« ist mit ziemlicher Sicherheit mit dem heutigen Oland gleichzusetzen. Allen genannten Landesteilen ist die Bezeichnung »hus« beigefügt, ein Zeichen dafür, daß sie besiedelt sind.

Erst gegen Ende des 16. Jahrhunderts nennt die von 1565–1597 von Petreus verfaßte Chronik im einzelnen die Namen der Halligen, deren Vielzahl auf die schon gültige Zerrissenheit der Uthlande hindeutet. Zur Pellwormharde gehören folgende Halligen: Hohe (Hooge) mit 20 Häusern (Warften), Norder Oug und Suder Oug mit je einem Haus, Nielandt mit 5 Häusern und eine öde (leere) Hallig, Nübell genannt. Die Edomsharde verzeichnet nahe Gayckenbüll zwei öde, kleine Halligen, namens Audtshallig und Trentham, beide schon fast »abgeschliffen«. In der Beltringharde gehören zu den Kirchspielen Morsum, Eversbüll und Röhrbeck 6 kleine Halligen: Utheregge, Syll,

Gardsland, Ebland, Neeß, Silboll und Jens-Hayens-Hallig. Bis auf letztere sind alle unbewohnt. Im Kirchspiel Buptee liegen: Habel mit 4 Häusern, der Horst mit einem Haus, Lundingland und Südhörn, beide unbewohnt.

Für die Wyriksharde werden genannt: Gröde und Oland mit etlichen Häusern, Herst, Appelland und Hingstneß mit je einem Haus, Langeneß mit etlichen, Nordmarsch mit 13 Häusern (Warften), letztere zur St. Andreas-Kirche? (offenbar irrtümlich für St. Nicolai-Kirche) auf Föhr gehörend, Butwehl mit einem Haus und einer Mühle sowie die nahe bei Westerwohld liegende, unbewohnte Oselichshallig.

Hinzu kommen noch mehrere Halligen der Festlandsharden, Nordtoft, Galmsbüll, Dagebüll, de Wisch, Fahretoft, Ockholm, Moderhallig, Harmelfshallig und einige namenlose.

Weitere Halligen bildeten sich nach der Sturmflut von 1634 aus den Resten von Alt-Nordstrand. Bis auf die Hamburger-Hallig, auch Amsinck-Hallig genannt, Nordstrandisch-Moor und Pohnshallig wurden sie bald ein Raub des Meeres. Die Pohnshallig wurde noch 1924 wieder mit Nordstrand eingedeicht.

Im Jahre 1593 wurden die genannten 5 »Strandharden« zusammengefaßt. Die Wyriksharde wurde mit der Beltringharde vereint, die Reste der Lundenbergharde in die Edomsharde aufgenommen.

In dieser Zeit, eben vor und nach der Sturmflut von 1634, gewinnt das geografische Bild der Halligwelt und der Insel Strand bzw. deren spätere Reste eine immer deutlichere und genauer werdende Gestalt durch eine Fülle von Landkarten, die den Wandel dieser Landschaft bis zur Gegenwart aufzeigen.

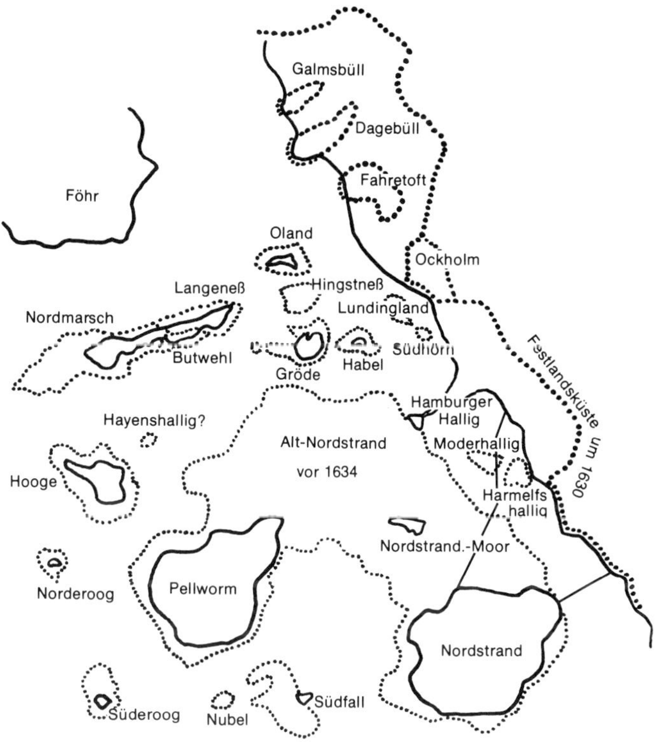

Festlandsküste, Inseln und Halligen im 17. Jahrhundert
. . . . . *Küstenlinien um 1630*
——— *der gegenwärtige Küstenverlauf*

Sturmfluten

Der nacheiszeitliche Anstieg des Meeresspiegels, eine großflächige Landsenkung, der Bodenabbau für die Salzgewinnung und die Austrocknung und Sackung des Mooruntergrundes durch den Deichbau waren, wie erwähnt, die Ursache für die Überflutung der Uthlande. Ein weiterer, wesentlicher Faktor waren Sturmfluten, die das Zerstörungswerk nicht nur beschleunigten, sondern auch dramatische Höhepunkte setzten, bei denen Menschen, Vieh und Bauwerke in katastrophenartigem Umfang verloren gingen.

Die geschichtlich bewußten Sturmfluten, soweit sie in Zusammenhang mit der Auflösung der Uthlande stehen, beginnen mit der »Rungholtflut«. Nach Anton Heimreichs »Nordfriesische Chronik« war diese Flut am 16. Januar Anno 1300. »Da hat die Westsee sich durch Sturmwinde erhoben und 4 Ellen über die höchsten Deiche geführt, Städte und Dörfer umgekehret und den Flecken Rungholt verwüstet. Dazumal sind 7 600 Menschen ertrunken . . .« Neuere For-

Die alte »Neu-Peterswarft« auf Hallig Nordmarsch-Langeneß, gegen Ende des 19. Jahrhunderts zerstört

schungen kommen jedoch zu dem Ergebnis, daß diese Flut erst im Jahre 1362 war. Weitere Sturmfluten des 14. Jahrhunderts haben nach der Heimreichschen Chronik die Uthlande endgültig vom Festland losgerissen, durch Ströme und Tiefen die einzelnen Landesteile getrennt und wiederum tausende von Menschenleben gefordert.

In den älteren Berichten über Sturmfluten sind die Angaben über Ertrunkene relativ hoch, vielleicht aus Übertreibungen der Überlieferung, aber möglicherweise auch auf realen Zahlen basierend, weil die primitiven Deiche den großen Sturmfluten fast nirgends standhielten und das überall gesunkene Land reif für den Untergang war.

Auch die folgenden Jahrhunderte sind gekennzeichnet von anhaltenden Landzerstörungen und Sturmfluten mit verheerenden Auswirkungen. »In der Nacht auf den 1. November 1436 entstand abermals eine ungewöhnlich hohe, große Verwüstungen in den Uthlanden anrichtende Flut. Zwischen Pellworm und den übrigen Harden des Nordstrandes riß ein breiter Strom durch . . .« Aus einem Ablaßbrief des Baseler Konzils vom Jahre 1440 läßt sich ersehen, daß in wenigen

Jahrzehnten an der Schleswigschen Westküste nicht weniger als 60 Kirchen »ausgedeicht«, also zerstört wurden, etwa 50 davon als Folge der »Rungholt-Flut«. In der »Allerheiligen-Flut« des Jahres 1570 sollen bei der größten Überschwemmung, die Nordfriesland je erlebte, fast 20 000 Menschen umgekommen sein. Im alten Nordstrand brachen mehrere Deiche und überfluteten diese Insel bis auf die Kirchspiele Odenbüll, Geikebüll, Hersbüll und Emtesbüll. Die Landverluste blieben jedoch in Grenzen.

Der Untergang von Alt-Nordstrand

Die immer kritischer werdende Lage des alten Nordstrands wurde dadurch gekennzeichnet, daß es Anno 1612 allein bei 6 Fluten zu größeren Überflutungen kam, nachdem mehrere Siele eingedrückt waren. Am 1. Dezember 1615 wurde der sogenannte Moordeich, der die Insel Alt-Nordstrand zusammenhielt, fast ganz zerstört, ebenso die Kirche von Brunock nebst vielen Häusern und 6 Mühlen. 300 Menschen ertranken, aber dies alles war nur ein kleines Vorspiel für das, was sich am 11. Oktober 1634 ereignen sollte. Ein plötzlicher Südweststurm trieb im Zusammenwirken mit einer Springflut das Wasser um mehr als 4 m über MHW auf, so daß auf Alt-Nordstrand an 44 Stellen die Deiche brachen. Über 6 200 Menschen und etwa 50 000 Stück Vieh ertranken, 30 Mühlen und 1 300 Häuser wurden zerstört. Nur 2 633 Bewohner überlebten hier diese Schreckensnacht.

Als Folge dieser Sturmflut mußten 19 Kirchen aufgegeben werden, und schließlich blieben, da an eine umfangreiche Wiederbedeichung durch die wenigen Überlebenden nicht zu denken war, nur Teile dieser einst größten und fruchtbarsten nordfriesischen Insel vor dem völligen Untergang bewahrt, nämlich Pellworm, Nordstrand und die Halligen Nordstrandisch-Moor und Hamburger Hallig (siehe Karte S. 17).

Auf den Halligen, die seinerzeit wie ein Kranz um Alt-Nordstrand lagen, hatten 113 Menschen und fast alle Haustiere ihr Leben verloren. Auf der kleinen Hallig Südfall ertranken fast alle Bewohner, nämlich 46. Auf Süderoog waren 10, auf Hooge 43, auf Nordmarsch 48, auf Langeneß 38, auf Butwehl 4, auf Gröde 2 und auf Oland 4 Menschen umgekommen. Viele Überlebende zogen auf das Festland oder nach Föhr, um sich hier in Nieblum oder Wyk anzusiedeln. Es folgte aber nach dieser Sturmflut eine relativ lange Zeit der Ruhe.

Die Sturmfluten von 1717–1720 und 1825

Erst in der Weihnachtsnacht des Jahres 1717 kam es wieder zu einer größeren Sturmflut, die sich besonders auf den Halligen auswirkte. Auf Nordmarsch, Langeneß und Gröde ertranken zusammen 34 Menschen, auf der Hallig Nordstrandisch-Moor 14. Pastor Heimreich, ein Sohn des Chronisten Heimreich, der seinem Vater im Pfarramt auf dieser Hallig gefolgt war, schrieb als Augenzeuge, daß bereits um 3 Uhr morgens die Hallig ganz überschwemmt war, obwohl erst gegen 8 Uhr Hochwasser sein sollte. Als dann die »Meereswellen im Hause einzuschlagen begannen, wurden wir genöthigt, alles stehen und liegen zu lassen, um unser Leben zu salvieren . . . und auf dem Boden zu retieren, während die grausamen Wellen die äußeren und inneren Wände des Pastorates einschlugen . . . und vier Ellen hoch durchs Haus gingen. Da dann unser Vieh, als 2 Kühe und 13 Schafe nicht ohne Gebrüll und Blöken vor unseren Augen ersoff . . . Hausgerät und meine Bibliothek, aus 300 bis 400 Büchern bestehend, wegschwemmten . . . und das Haus sich dabei sehr bewegte, daß wir daher den Tod vor Augen sahen.« Von den 20 Häusern dieser kleinen Hallig waren bis auf 2 alle anderen »sehr übel verwüstet und standen öde auf den Ständern, 500 Schafe und 30 Kühe sind ertrunken . . . drei Häuser mit Menschen, Vieh und allem niedergeschlagen, und also 16 Personen erbärmlich umgekommen.«

Dieser Weihnachtsflut von 1717 folgten schon am 25. Februar 1718 und am 31. Dezember 1720 ähnlich hohe Sturmfluten. Letztere erreichte fast die Fluthöhe von 1717 und forderte auf den Halligen wieder Menschenleben und Verluste an Vieh. Auf Nordmarsch ertrank eine Frau, »die erst vor drei Wochen eines Kindes genesen«, als das Hausdach, worauf sie sich mit dem Neugeborenen und einem zweijährigen Kind gerettet hatte, zusammenbrach, so daß die Mutter mit je einem Kinde im Arm »jämmerlich in den Fluten verschwand«.

Es verging dann abermals ein ganzes Jahrhundert, ehe es wieder zu einer alles verwüstenden Sturmflut kam, – in der Nacht vom 3.–4. Februar 1825. Von der Windstärke her war keine sehr hohe Sturmflut erwartet worden, obwohl nach dem Vollmond am 2. Februar die Zeit der Springflut war. Es wurde deshalb später vermutet, daß ein Seebeben die Flutwirkung verstärkt habe. Diese Sturmflut von 1825 stieg an der Schleswigschen Westküste bis zu 4.43 m über Normal Null (Anno 1634 bis zu 4.30 m) und blieb damit bis heute die höchstgemessene aller Sturmfluten. An der gesamten Nordseeküste entstanden schwerste Schäden, am schlimmsten aber waren wieder die Halligen betroffen. 74 Menschen ertranken hier. Fast alle Schafe, an die 1 500 und 186 Kühe wurden ein Opfer dieser Flut. Von 339 Häusern waren 79 ganz verschwunden und 233 so verwüstet, daß sie unbewohnbar waren. Der Gesamtschaden an Häusern, Kirchen, Inventar und Warften sowie an Vieh betrug 580 740 Mark Courant - 696 888 RM.

Als man am nächsten Morgen von Föhr aus den Zustand der Halligen bemerkte, schifften sich zahlreiche Boote mit Lebensmitteln und Trinkwasser ein, um den Überlebenden Hilfe zu bringen. »Die übrig gebliebenen Halligbewohner saßen mehrenteils weinend, durchnäßt, hungernd und frierend auf den Trümmern ihrer Hütten und Werften.« Zahlreiche Halligbewohner wurden zunächst auf Föhr, einige auch auf dem Festland einquartiert. Viele davon kehrten nicht wieder auf die Halligen zurück. Die materielle Not wurde jedoch, im Gegensatz zu den Verlusten bei früheren Sturmfluten, durch verschiedene Hilfsaktionen gemildert. Ein Hilfsverein in Husum sammelte Sachwerte und eine Summe von 41 000 Reichstalern. Und der dänische König Friederich VI. ordnete eine Kollekte und Haussammlung zu Gunsten der Flutgeschädigten an. Im Sommer 1825 erschien Ihre Majestät höchstselbst, um die Schäden und die Maßnahmen des Wiederaufbaues mit den Anordnungen auf Warfterhöhung und Ständerbauweise in Augenschein zu nehmen. Wegen eines aufkommenden Sturmes mußte der König auf der Hallig Hooge übernachten. Er logierte auf der Hanswarft bei der Witwe Stienke A. B. Hansen und gab damit dem »Königs-Pesel« in diesem Haus seinen Namen.

Die Sturmflut von 1962

Eine sehr schwere Orkanflut ging in der Nacht des 16.–17. Februars 1962 über Inseln, Halligen und die Deiche der deutschen Nordseeküste. Doch blieben die Auswirkungen, abgesehen von Hamburg, wo 312 Menschen ertranken, weit hinter den genannten, vorherigen Sturmfluten zurück. Bei einer Fluthöhe von etwa 3,10 – 3,50 m über Mittel-Hochwasser entstanden jedoch auf den Inseln und an der Festlandsküste Nordfrieslands beträchtliche materielle Schäden.

Auf Grund voraufgegangener Stürme, die zeitweise mit Orkanstärken wehten, lag die Höhe des Niedrigwassers am Abend des 16.

Februars schon bis zu einen halben Meter über Mittelhochwasser. Die Flut stieg dann rasch, erreichte aber schon gegen 23 Uhr, etwa eine Stunde vor Hochwasser ihren höchsten Stand, weil der nordwärts drehende Wind, wenn auch mit unverminderter Stärke wehend, die Wassermassen hinunter in die Mündung der Elbe drückte und damit die Katastrophe von Hamburg auslöste.

Fast alle Halligwarften wurden meterhoch überflutet, Hauswände durch die Brandung eingedrückt und Viehställe weggerissen. Auf Hooge wurden mehrere Häuser derart in Mitleidenschaft gezogen, daß sie unbewohnbar waren. Aber nicht nur die Menschen, auch das Vieh überlebte hier, teilweise in den Ställen bis zum Bauch im Wasser stehend, diese Flut. Auf Hooge waren nur zwei Stück Jungvieh zu beklagen.

Auf Langeneß war das Vorhaus der Kirche weggebrochen und, wie auf Hooge, der Friedhof verwüstet. Zahlreiche Häuser waren auch hier beschädigt oder fast ganz zerstört. Mehrere Landwirte hatten Vieh, vor allem Schafe verloren, doch war auch auf Langeneß das Großvieh trotz Überflutung der Ställe am Leben geblieben. Auf Süderhörn hatte sich das alte Ehepaar Lorenzen noch in letzter Minute auf den Boden retten können, als durch den Druck des Wassers die Tür aufgesprengt und die unteren Wohnräume in kurzer Zeit unter Wasser gesetzt wurden.

Besonders gefährdet war eine Familie mit Kleinkind auf der Neu-Peterswarft ganz im Westen von Langeneß. Das hier allein stehende Haus brach an der Westseite zusammen und die Bewohner flüchteten mit großer Mühe auf einen Heuhaufen im Windlee der Ostmauer, wobei die Frau in das Wasser fiel und nur mit dem verzweifelten Aufwand aller Kräfte gerettet werden konnte. Am nächsten Morgen watete das Ehepaar mit dem Kind auf dem Rücken bis zur Brust durch das eisige Wasser, um die nächstliegende, fast einen halben Kilometer entfernte Warft zu erreichen, wo sie Unterkunft fanden.

Unter der Rixwarft hatte in jener Nacht das Linienschiff der damaligen ASAG, die »Amrum« gelegen, dessen Kapitän A. Jacobs von Langeneß gebürtig war. Er beobachtete mit wachsender Unruhe, wie gegen 22 Uhr und später zunächst Hof- und dann Hausgeräte am Schiff vorbeischwammen, als untrügliches Zeichen der sich auf der Hallig abspielenden Dramen.

Eine dramatische Nacht erlebte auch die Lehrerin der kleinen

Schule auf Gröde. Sie hatte noch am Nachmittag Besuch vom Festlande aus bekommen, und, zusammen mit ihren Gästen angesichts der steigenden Flut Möbel durch die Luke auf den Dachboden befördert. Ein umfallendes Möbelstück versperrte dann die Luke, so daß sie von unten nicht mehr zu öffnen war und damit den Bewohnern den Fluchtweg nach oben verschloß. Auf übereinandergestellten Betten und Stühlen verbrachte die kleine Gesellschaft die aufregendste Nacht ihres Lebens in der meterhoch überfluteten Stube. Fast alle Häuser auf Gröde, aber auch auf Oland waren mehr oder weniger durch Wasser beschädigt, doch konnte auch hier das meiste Vieh gerettet werden.

Das unmittelbare Nachfolgeproblem großer Sturmfluten, nämlich Süßwassermangel nach Totalüberflutungen, wurde durch die vorbildliche Zusammenwirkung der ASAG, deren Besatzung der »Amrum« fast Übermenschliches leistete, der Wasser- und Schifffahrtsdirektion mit ihren Spezialschiffen, des Marschenbauamtes, den Feuerwehren von den Inseln und dem Festlande sowie vielen anderen Helfern in kurzer Zeit gelöst. Allererste Hilfe hatten bereits die Hubschrauber der Bundeswehr gebracht.

Eine Welle der Hilfsbereitschaft lief durch das ganze Land und zahlreiche Geld- und Sachspenden trafen auf den Halligen ein. Seitens der Kreisverwaltung wurden im Einzelnen die Schäden festgestellt und in großzügiger Weise aus einem Sonderfonds ersetzt. Bedingt durch die Erfahrungen aus der Sturmflut und unter dem Eindruck dieses Ereignisses, wurden Warfterhöhung und Neubauten mit sturmflutsicheren Gebäudeteilen im Zuge der bereits angelaufenen Hallig-Sanierung zügig realisiert.

Schon 14 Jahre später, im Januar 1976, mußten diese Schutzmaßnahmen ihre Bewährungsprobe bestehen. Sowohl am 3. wie auch in der Nacht vom 20. zum 21. Januar liefen Sturmfluten auf, deren Wasserhöhe jene der Orkanflut 1962 erreichte, ja noch übertraf. Wohl gab es wieder umfangreiche Schäden an den Halligäusern, und manches Schutzwerk erwies sich als unzweckmäßig. Doch kamen nirgends Menschen in Lebensgefahr. Auch bei der letzten, schweren Sturmflut am Nachmittag des 24. Novembers 1981 meldeten die Halligen nur materielle Schäden.

Die neue »Neu-Peterswarft« mit dem in der Februarflut 1962 zerstörten Haus

Auf dem Friedhof der Hallig Hooge warf die Brandung alle Grabsteine von ihren Plätzen

Verluste von Volk und Land

Eine zwangsläufige Folge der Sturmfluten war nicht nur eine ständige Reduzierung der Landfläche und die Zerstörung der Siedlungskörper Warft und Haus, sondern auch ein Rückgang der Bevölkerung. Diese Entwicklung begründete sich einerseits auf die Landverluste, die schließlich den Bewohnern betroffener Warftgemeinschaften die Existenz entzog, weil der Viehbestand so weit eingeschränkt werden mußte, daß ein Auskommen unmöglich wurde. Andererseits waren es die Menschenverluste der Sturmfluten, die sich auf die Bevölkerungszahlen auswirkten, aber auch die Schrecken solcher Fluten, die überlebende Bewohner veranlaßte, ihrer Heimathallig den Rücken zu kehren.

»Die Liebe zum Geburtsort fesselt auf unbegreifliche Weise die Einwohner der Halligen an denselben. Aber sie vergehen uns unter den Händen«, heißt es in einer Bittschrift um Steuererlaß im Jahre 1806. Aber dieses Zitat stimmte nur bedingt.

Nach jeder großen Sturmflut zogen Halligbewohner zum Festlande, vor allem aber nach Föhr, wo der Bevölkerungszuwachs in Wyk und Nieblum sich jahrhundertelang vorwiegend auf diese Einwanderung bezog. Nach der Sturmflut von 1825 zogen z. B. 95 Familien mit insgesamt 234 Personen weg, so daß nur 162 Familien mit 630 Seelen auf den Halligen zurückblieben. Die nachstehende Tabelle macht diese Entwicklung durch zwei Jahrhunderte deutlich.

Jahr 1768	ca. 2000 Bewohner	in ca. 500 Häusern
Jahr 1824	ca. 937 Bewohner	in ca. 339 Häusern
Jahr 1890	ca. 512 Bewohner	in ca. 123 Häusern
Jahr 1924	ca. 490 Bewohner	in ca. 121 Häusern
Jahr 1970	ca. 432 Bewohner	in ca. 122 Häusern

Abgesehen vom Sturmflutjahr 1825 sind die Jahre um 1870 von einer größeren Abwanderung gekennzeichnet. Wie auf den Nachbarinseln Föhr und Amrum haben sich auch auf den Halligen zahlreiche Einwohner zur Auswanderung nach Nordamerika entschlossen.

Schwieriger sind im Wechsel von Landzerstörung und Neuauflandung die genauen Flächenverluste der einzelnen Halligen zu bestimmen. Im Durchschnitt gilt, daß die Halligen von ihrer ersten Vermessung im Jahre 1713 bis zur Uferbefestigung um 1900 etwa die Hälfte ihres Landes verloren haben. Einige Halligen, wie z. B. Habel haben jedoch bis zu 80 % ihrer Substanz verloren.

Genauere Zahlen liegen über die Hallig Hooge vor. Hier gingen von Anno 1642–1892 rund 1090 »Notsgras« a 0,85 ha, insgesamt also 926 ha verloren, was einem durchschnittlichen Jahresverlust von 3,7 ha entspricht.

Eine Gegenüberstellung der Verluste von Landflächen, Warften und Einwohnern vermittelt eindrucksvoll mit nüchternen Zahlen die Leidensgeschichte einer Hallig durch die Jahrhunderte:

Jahr: 1642	Größe: 1440 ha	Warften:	Bewohner:
Jahr: 1758	Größe: 1050 ha	Warften: 16	Bewohner: ca. 700
Jahr: 1794	Größe: 860 ha	Warften: 14	Bewohner: ca. 480
Jahr: 1825	Größe: 730 ha	Warften: 10	Bewohner: ca. 251
Jahr: 1900	Größe: 582 ha	Warften: 9	Bewohner: ca. 149
Jahr: 1970	Größe: 591 ha	Warften: 10	Bewohner: ca. 191
Jahr: 1990	Größe: 591 ha	Warften: 10	Bewohner: ca. 130

Die Zahlen für das Jahr 1825 beziehen sich auf die Zeit nach der Sturmflut. Bedingt durch Auflandung im Osten der Hallig Hooge konnte nach der Jahrhundertwende ein geringfügiger Flächenzuwachs registriert werden.

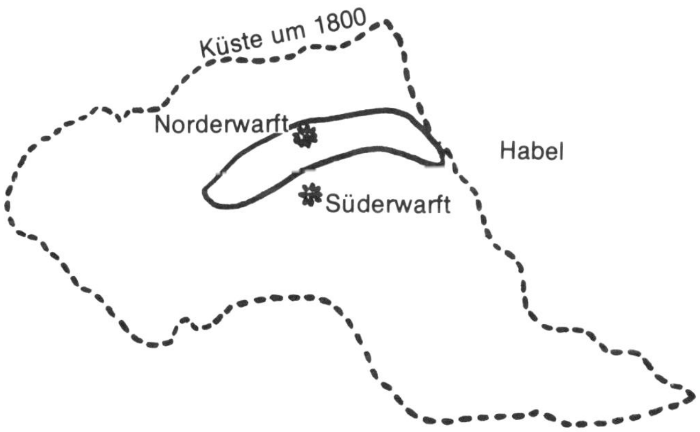

Habel um 1800 und der heutige Rest dieser Hallig

Küstenschutz

Die Auseinandersetzung mit der Nordsee kennzeichnete jahrhundertelang die Geschichte und Geschicke der Halligen und ihrer Bewohner. Abwehr und Schutz gegen das Meer bezogen sich aber zunächst nur auf den Bau von Warften und die Errichtung von Ständerhäusern, waren also nur passiver Art.

Uferschutz wurde hingegen von den Halligbewohnern nie betrieben. Dazu fehlten die materiellen Voraussetzungen. Auch war der Küstenumfang im Verhältnis zur Bevölkerungszahl viel zu groß, um neben dem ohnehin mühsamen Erwerbsleben noch Uferschutzarbeiten zu ermöglichen.

So verloren die Halligen, wie erwähnt, von Jahr zu Jahr an Fläche und Bevölkerung; aber auch die damaligen Küstenschutz-Experten richteten sich auf einen Totalverlust der Halligen in absehbarer Zeit ein. Der völlige Abbau fast aller Halligen wäre auch unzweifelhaft im Laufe des 20. spätestens des nachfolgenden Jahrhunderts eingetreten, wenn nicht der Staat mit Uferschutzmaßnahmen eingegriffen hätte.

Erste Schutzpläne wurden bereits Anno 1711 durch den Herzog von Schleswig angeregt, doch blieb es beim Planen. Auch spätere Initiativen, so von Deichinspektor Krebs im Jahre 1852, fanden keine Verwirklichung. Erst im Jahre 1859 wurden durch den Deichkonstrukteur Bruun im Auftrage der »Dänischen Kommission für Landgewinnung« erste Versuchsarbeiten zur Rettung der Halligen durchgeführt und dabei nachdrücklich auf den Wert der Halligen für zukünftige Neulandgewinnungen und auf ihre Funktion als Wellenbrecher für die Deiche der Festlandsküste hingewiesen.

Der Krieg von 1864 und die sich hieraus ergebenden neuen staatlichen Verhältnisse setzten weiteren Arbeiten ein Ende. Zwar nahm eine »Kommission für Schleswig-Holsteinische Wasserbauangelegenheiten« bald darauf die Möglichkeiten zukünftigen Halligschutzes in Augenschein, aber der Leiter, Graf Adelbert Baudissin befand: »Über die Halligen ist längst das Todesurteil gesprochen. Es würde zu viel kosten, sie zu erhalten oder miteinander zu verbinden, um ihrem Untergang vorzubeugen.«

Auf den Hintergrund dieser Ansicht vergingen die nächsten Jahrzehnte mit Planungen und Vorschlägen, denen keine Verwirklichung folgte.

Die deutliche Schichtung des Halligufers dokumentiert den Aufbau, zahlreiche Abbruchbrocken die Zerstörung des Halliglandes

Fast alle gefährdeten Halligufer sind heute geschützt. Vergeblich leckt die Nordsee an den festen Steindecken. (Hallig Hooge)

Erst im Jahre 1894 kam die große Wende. Angeregt und immer wieder aufgefordert durch die Eingaben des aus Westpreußen stammenden Dr. Eugen Träger, der nach einem Besuch die sterbende Halligwelt in sein Herz geschlossen hatte, arbeitete der Husumer Baurat Weinreich einen konkreten Plan zur Uferbefestigung der Halligen und über Dammbauten aus. Und der Preußische Landtag stellte im Jahre 1896 die Summe von 1 320 000 Mark für erste Maßnahmen zur Verfügung.

Nachdem die Bedeutung der Hallig Oland als Wellenbrecher für den Festlandsdeich anerkannt war, erfolgten hier die ersten Arbeiten zur Sicherung des Ufers. 1898 wurde zwischen Fahretoft und Oland ein Damm gebaut, um Aufschlickung und Landanwachs zu bewirken. Als dieser Damm im Laufe des 1. Weltkrieges stark beschädigt wurde, erfolgte in der Zeit von 1925–27 der Bau des heutigen Dammes nach Dagebüll. Der dabei in kurzer Zeit erzielte Landanwachs im Osten von Oland hat nahezu die Landverluste dieser Hallig während des 19. Jahrhunderts ausgeglichen.

Die Hallig Langeneß erhielt in den Jahren von 1901–1904 eine Steindecke an der am stärksten gefährdeten Uferstrecke im Westen von der Rixwarft bis zur Mayenswarft, nachdem diese Hallig im Osten bereits im Jahre 1899 durch einen Damm mit der Hallig Oland verbunden wurde. Die übrigen Küsten von Langeneß wurden zunächst durch Buschlahnungen geschützt, ehe diese Hallig rundum eine Steindecke erhielt.

Auf Hooge wurde zunächst nur eine kleine Strecke des Westufers durch eine Steindecke geschützt, ehe sich der Staat entschloß, mit einem Kostenaufwand von 980 000 Mark in den Jahren von 1911–1914 einen Sommerdeich zu bauen, dessen Krone etwa 2,20 m über MTHW liegt. Basalt- und Granitblöcke bilden diesen Deich an den seeseitigen Ufern, während er im Osten aus einem grünbewachsenen Erdwall besteht. Doch sind hier die abbruchgefährdeten Ufer zusätzlich durch Steinkanten geschützt. Eine Anzahl von Buschlahnungen im Osten der Hallig Hooge hat hier einen Landanwachs eingeleitet.

Bereits im Jahre 1899 erhielt auch die Hallig Gröde eine Steindecke, die bis hinüber nach Appelland gezogen wurde, so daß seitdem beide Halligen miteinander verbunden sind. Der Priel, der bis dahin beide Halligen trennte, ist allmählich zugeschlickt. Nur das Ostufer von Gröde-Appelland ist noch ungeschützt.

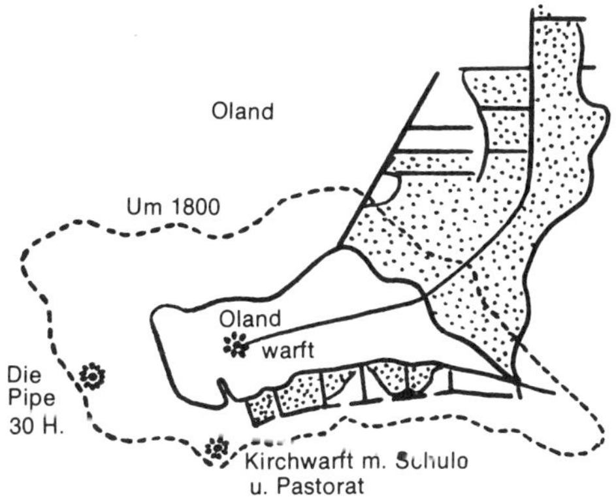

Zwei Beispiele vom Wandel der Halliggestalten durch die Einwirkung von Natur und Technik: Während bis um 1900 eine ständige Reduzierung der Landfläche zu verzeichnen war (zum Vergleich als gestrichelte Linie der Küstenverlauf von 1800), konnte nach Durchführung von Küstenschutzmaßnahmen seit 1900 östlich von Oland ein bedeutender Landanwachs registriert werden. Gröde und Appelland wuchsen, begünstigt durch eine Deichverbindung zusammen.

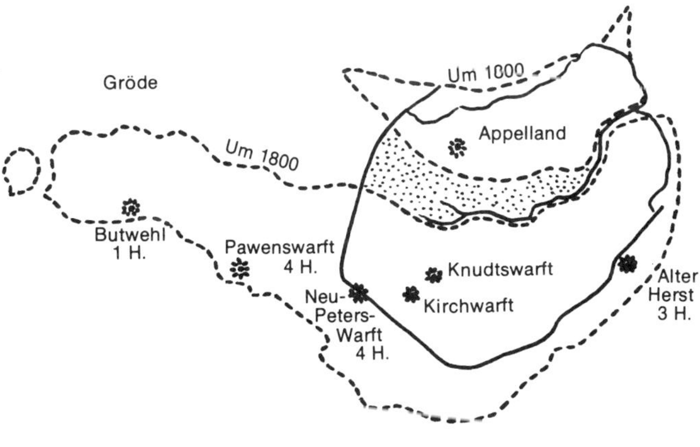

Die beiden südlichen Halligen Süderoog und Südfall erhielten in den Jahren 1935–36 Steindecken an den seeseitigen Ufern. Schon vorher, 1934, war auch Habel, das von allen Halligen die größten Landverluste erlitten hatte, entsprechend gesichert.

Die Hallig Nordstrandisch-Moor, deren Westufer seit 1925 geschützt ist, wurde 1936 durch einen Schienendamm mit dem Festland verbunden.

Dagegen ist die Hamburger Hallig durch die Auflandung an beiden Seiten des bereits 1874 gebauten Dammes zum Festland schon lange »landfest«, ist also praktisch ein Teil des festländischen Deichvorlandes. Hier wurde schon 1883 eine abbruchgefährdete Uferstrecke mit einer Steindecke versehen.

Nur die Hallig Norderoog, die seit dem Jahre 1909 im Besitz des Vogelschutzvereines Jordsand ist, genießt bis heute keinen beständigen Schutz, obwohl sie doch als Wellenbrecher vor Pellworm eine beachtliche Bedeutung hat. Hier bemüht sich seit Jahren der Verein mit seinen beschränkten Mitteln um den Bestand der jährlich kleiner werdenden Hallig, wobei seitens des Amtes für Land- und Wasserwirtschaft lediglich beschränkte Unterstützung gewährt wird. Erst im Frühjahr 1977 wurde es möglich, durch eine großzügige Spende der Hamburger Firma Norddeutsche Affinerie und der Firmen Heidelberger Vließ und Naue Fasertechnik in Form von über 3500 Tonnen Steinen und Vließ bei kostenfreiem Antransport, sowie der planerischen und technischen Unterstützung des Amtes für Land- und Wasserwirtschaft und dem Einsatz von zahlreichen Freiwilligen, insbesondere Jugendlichen, das gefährdete Westufer mit einer Steindecke von 300 m Länge zu befestigen. Hannelore Schmidt, Frau des Bundeskanzlers, legte am 27. März 1977 den Grundstein zu diesem Werk.

Neue Uferschutzwerke, vor allem aber die Sicherung der bestehenden Dämme und Deiche, Steindecken, Siele und Lahnungen, sind eine ständige Aufgabe des Amtes für Land- und Wasserwirtschaft (früher Marschenbauamt) geblieben, und Jahr um Jahr werden dafür bedeutende Summen bereitgestellt. Auf einigen Halligen sind mehrere Arbeiter ständig durch dieses Amt beschäftigt.

Das alte Halligleben

Salzsieder-Zeit

Gleichartige, einen knappen Meter breite Streifen auf dem Watt des nördlichen Halligmeeres, vor allem vor dem Nord- und Südufer der Hallig Langeneß, sind die noch heute sichtbaren Zeugen einer bedeutenden Wirtschaftsepoche der Uthlande, – der Salzsiederzeit.

Erste Nachrichten über Salzgewinnung in den Uthlanden liegen bereits aus dem 9. und 10. Jahrhundert vor, wo Ripen und Tondern als Handelsplätze für Salz genannt werden. Und schon vor 1250 mußten die Friesen für Salzlieferungen nach Schleswig Zoll bezahlen.

Grundstoff der Salzgewinnung war der im Watt oder unter dem Halligland liegende Torf aus der vorzeitlichen Vermoorung, der durch zahlreiche Überflutungen mit Salz angereichert worden war. Diese Torfschicht wurde abgegraben oder, falls von Halligland infolge späterer Aufschlickung überlagert, freigelegt und abgebaut. Beim Freilegen wurden meterbreite, etwa 5 m lange Schollen des Halliglandes abgestochen und mittels Hebelkraft in die Grube der bereits abgebauten Torfschicht gestürzt.

Der abgebaute Torf, Tuul oder Teerig genannt, wurde mit Tragbaren oder Schuten an Land bzw. zur Salzsiederwarft gebracht. Dort wurde das Material getrocknet und verbrannt. Die sich hieraus ergebende Asche wurde zunächst, mit feuchten Rasenstücken abgedeckt, in Haufen aufbewahrt und dann im Herbst verarbeitet. Aus der Asche mit ihrem konzentrierten Salzgehalt wurde eine Sole bereitet, aus der nach Verdampfung des Wassers das kristallisierte Salz zurückblieb.

Das so gewonnene Salz diente nicht nur zur Konservierung der eigenen Fischfänge (im 15. und 16. Jahrhundert blühte um Helgoland die Heringsfischerei), sondern wurde auch zum gleichen Zweck nach Skandinavien exportiert. Um 1600 wurden im Hafen von Ripen jährlich etwa 6 000 Faß dieses nordfriesischen Salzes verladen. Andere Ausgangshäfen waren Husum und Tönning.

Nach Entdeckung der Lüneburger Salinen wurde zwar durch Kaiser Karl V. um Anno 1550 aus Konkurrenzgründen zugunsten des landesherrlichen Monopols den Nordfriesen die Salzsiederei untersagt, doch offenbar ohne Erfolg. Noch um 1725 fanden auf der Hallig Galmsbüll an die hundert Leute ihr Brot bei der Salzsiederei. Dort und auf Föhr wurden noch bis Ende des 18. Jahrhunderts einzelne Brennereien registriert, deren dunkle Rauchwolken ein vertrautes Zeichen im Seehimmel waren. Schließlich setzte sich jedoch die Qualität des Lüneburgischen Salzes über das bittere Salz Nordfrieslands durch.

Die Jahrhunderte der Salzsiederei waren jedoch nicht nur in wirtschaftlicher Hinsicht von Bedeutung, sondern auch für die Entwicklung der Landschaft und zwar in negativer Hinsicht. Der großflächige Abbau der 1–2 m mächtigen Torfschichten trug wesentlich zur Senkung des ohnehin niedrigen und vom Untergang bedrohten Landes bei.

Es kann kein Zweifel bestehen, daß die Nordfriesen, die einst mit außerordentlichem Verstand die komplizierten Möglichkeiten der Salzgewinnung entdeckten, auf der anderen Seite die Folgen dieser künstlichen Landsenkung nicht erkannten. Aber vermutlich waren die Erwerbszwänge des Augenblickes größer als die Folgen der Landzerstörung.

Noch heute sind die gleichmäßigen Streifen der umgebrochenen Schollen aus der Zeit der Salzgewinnung im Halligwatt sichtbar

Die Bezeichnung zahlreicher Halligwarften (Hanswarft, Ockenswarft, Ipkenswarft, Ockelützwarft auf Hooge, Mayenswarft, Ketelswarft, Tadenswarft, Peterhaizwarft u. a. auf Langeneß oder Knudtswarft auf Gröde) deuten bereits durch den darin steckenden Personennamen auf den früheren Erbauer oder Besitzer hin, einerlei, ob es sich um eine Einzelperson oder einen Familienverband handelte.

Bei der Anlage einer Warft wurden zunächst auf dem flachen Felde die Plätze der späteren Häuser, der Brunnen und Fethinge abgesteckt. Dann wurde auf der Warftfläche und auch dort, wo der zur Warft benötigte Klei ausgehoben werden sollte, die obere Rasenschicht in Form von Soden abgestochen. Die Grassoden wurden später für die Bedekkung des Warfthügels verwendet.

Für den vorgesehenen Fething wurden dann zwei Hauptrohre für die Zu- und Ableitung (siehe S. 41) zum Warftrand gelegt, ferner die Seitenrohre zu den einzelnen Brunnen. Nachdem der Platz des zukünftigen Fethings etwas vertieft und der Rand mit Pfählen und Planken eingefaßt war, begann der Aufbau des Warfthügels. Hausbrunnen und Soote wurden seinerzeit aus Grassoden gebaut, deren in Schneckenlinien aufgesetzten Wände mit der Warfthöhe wuchsen. Hatte der Hügel eine gewisse Höhe erreicht, wurden die Hauspfosten eingesetzt, die als Ständer die Dachkonstruktion des Hauses tragen sollten.

Das Halllighaus, wie es bis zu Anfang des vorigen Jahrhunderts gebaut wurde, begründete sich auf Vorbilder und Erfahrungen, die bis in die Vorzeit auf cimbrische Hausformen zurückgehen. Die Häuser standen fast ausnahmslos in West-Ost-Richtung, um dem Winde eine geringe Angriffsfläche zu bieten. Der Wirtschaftsteil lag im Westen, gegen Wind und See gewandt, der Wohnteil geschützt an der sonnigen Süd- und Osthälfte des Hauses.

Die beim Bau der Warft in den Warftboden hineingelassenen Ständer aus Eichenholz wurden unterirdisch mit starken Querbalken verbunden. Starke Balken verbanden auch in reichlich 2 m Höhe das Ständerwerk. Sie bildeten den Abschluß und die Träger des Daches. Die einzelnen Fächer zwischen den Ständern wurden, versehen mit Fenstern und Türen, vermauert.

Der Ständerbau erhielt eine besondere Bedeutung, wenn bei Sturmfluten die Halligwarft überflutet wurde und die Brandung die

Das Haus des Königs-Pesels

Mauern des Hauses einschlug. Dann blieb auf den kräftigen Ständern noch immer das Dach stehen, auf dessen Boden sich Mensch und, falls möglich, auch das Vieh gerettet hatten.

Später wurde diese lebensnotwendige, aber auch kostspielige und umständliche Bauweise vernachlässigt und der Dachstuhl auf die einfachen Ziegelwände gesetzt. Nach der Sturmflut von 1825 stellte der dänische König Friederich VI deshalb in Zusammenhang mit einer finanziellen Hilfe für den Wiederaufbau die Bedingung, daß in der Ständerart gebaut werden sollte. Dies scheint jedoch nur bedingt der Fall gewesen zu sein, denn die typischen Ständerhäuser waren schon im Laufe des vorigen Jahrhunderts selten. Erst in der Gegenwart, nach einer weiteren Sturmfluterfahrung im Jahre 1962, wurde in den Giebelteilen der Neubauten das alte Prinzip des Ständerbaues wieder verwirklicht.

Äußerlich und im Inneren gehört das alte Hallighaus zum uthländischen Friesenhaus, wenn es auch abweichende, spezielle Merkmale aufweist. So fehlt, bis auf wenige Ausnahmen, dem Hallighaus der

Der »Königs-Pesel« auf der Hanswarft von Hallig Hooge

Spitz- oder Backengiebel. Statt dessen befindet sich über dem Hauseingang, einer Rundbogentür, in der Regel ein Luken-Giebel.

Der schmale, durchgehende Flur teilt das Haus in zwei Hälften, der Wirtschaftshälfte mit den Ställen für das Vieh, Heu- und Werkräumen, sowie dem Wohnteil mit Küche, Wohnzimmer, Pesel und Kammer. Im Wohnzimmer, der Döns, waren die Wände anfangs aus Holz mit eingebauten Schränken und einer Bettwand mit den Wandbetten. Alles war bunt bemalt, mit Motiven der Seefahrt oder biblischen Bildern und Sprüchen verziert. Hinter den kleinsprossigen Schrankfenstern leuchtete das Kupfer- und Porzellangeschirr. Zur Küchenwand hin stand ein Beilegerofen, der von der Küche aus mit Ditten beheizt wurde. Kisten und Truhen mit dem Leinenzeug der Hausfrau, Bänke und Tische mit ausklappbaren Laden, eine große Standuhr und mancherlei fremde Dinge aus fernen Ländern vervollständigten das Inventar.

Erst durch die Verbindung der seefahrenden Inselfriesen mit Holland fand die Fliese oder Kachel in zunehmender Menge ihren Weg

»Gute Stube« im Kapitän-Tadsen-Haus auf Ketelswarft, Langeneß

»Friesenstube« auf der Honkenswarft, Langeneß

nach Nordfriesland und begann im 17. und 18. Jahrhundert die Wände der Halligstuben und -flure zu verkleiden. Der Pesel unterscheidet sich vom Wohnzimmer dadurch, daß er noch geräumiger ist. Er wird weniger zum Wohnen als für festliche Veranstaltungen, aber auch für die Aufbahrung Gestorbener benutzt. Das schönste Beispiel eines solchen Raumes finden wir im »Königs-Pesel« auf der Hanswarft von Hooge. Haus und Pesel ließ sich der Kapitän Tade Hans Bandix etwa um 1770 einrichten. Das Schiffstableau über dem Beileger zeigt zwei jener Schiffe, die Tade Hans Bandix in Diensten niederländischer Reeder führte (siehe S. 58). In der Nacht vom 2. auf den 3. Juli 1825 übernachtete der dänische König Friederich VI in dem Wandbett und gab dem Pesel damit seinen Namen. Kostbarkeiten aus vielen Ländern verleihen dem Königs-Pesel über seine anheimelnde Wohnatmosphäre hinaus einen Hauch von Ferne und großer Seefahrerzeit.

Im Sommer ist diese Stube das Ziel tausender Kurgäste, wintertags wird der Königs-Pesel normal zum Wohnen benutzt.

Wasserversorgung

Die Legende erzählt, daß vor Jahrhunderten im Watt vor Nordmarsch eine Süßwasserquelle war, aus der die Bewohner der umliegenden Halligen ihr Trinkwasser schöpften. Doch eines Tages gab es unter den Wasserholern Streit, und als jemand in seiner Wut einen Stein in diese Quelle warf, versiegte sie für immer.

Tatsächlich hat es diese Süßwasserquelle gegeben, die nach L. Lorenzen »mit frischem Wasser mitten aus dem salzenen Meer sprudelte. Wenn Wassermangel auf dem Lande war, trieb man bei Ebbe das Vieh zu dieser Quelle, die mit Brettern abgedeckt und mit einer Schöpfvorrichtung versehen war. Der Entdecker dieser Wasserstelle, Peter Ibsen, erhielt 4 Reichstaler für seinen Fund.«

Süßwasserquellen sind heute im Bereich der Halligen nicht mehr bekannt. Das Grundwasser unter den Halligen enthält, bedingt durch die Bodenbeschaffenheit, einen für Mensch und Vieh zu hohen Salzgehalt. Lediglich auf den Halligen Nordstrandisch-Moor und Gröde gab es artesische Rohrbrunnen mit Grundwasser, deren Salzwerte das Wasser jedoch für Menschen ungenießbar machte. Es eignete sich nur bedingt für das Tränken des Viehs. So ist die Wasserversorgung, mit

Ausnahme der Halligen Oland, Langeneß und Hooge, die 1968–69 eine Wasserleitung vom Festlande erhielten, auf den kleineren Halligen problematisch geblieben.

Jahrhundertelang war die Wasserversorgung eine der wesentlichsten Fragen des Halliglebens, die bereits bei Grundlegung der Warften als erste Maßnahme überlegt werden mußte. Noch ehe die Aufschüttung der Warft begann, wurde der Standort des Fethings als zukünftiger Regenwasserspeicher festgelegt. Hier wurde der Boden etwa 3 Fuß vertieft und die so entstandene Kuhle, der Grund des Fethings, mit Bohlen und Brettern eingefaßt. Ein oder zwei Schächte, »Kulings« genannt, wurden mit Soden oder Holzwänden versehen als letztes Wasserreservoir im Falle anhaltender Trockenheit im Fethingboden angelegt. Vom Grunde des Fethings führten zwei Rohre bis außerhalb der vorgesehenen Warftfläche. Das am tiefsten liegende Rohr diente dazu, nach hohen Sturmfluten das in den Fething hineingeschlagene Salzwasser abzulassen. Über das höhere Rohr wurde der Fething zusätzlich mit gesammeltem Regenwasser aus den »Schetels«, eingedeichten Kuhlen am Rande der Warft, gespeist. Ein drittes Rohr wurde schließlich, ebenfalls vom Fethingboden aus, zum »Sood« gelegt. Der Sood war ein, der Warfthöhe entsprechend tiefer Brunnen, früher aus Grassoden, später aus Ziegelsteinen erbaut. Da in der Regel aus einem Fething mehrere Häuser zu versorgen waren, bedurfte es vor dem Bau einer Warft der genauen Standortbestimmung der Häuser und ihrer Brunnen, sowie eines verzweigten Rohrsystemes für die zukünftige Versorgung mit Wasser.

Erst nach diesen Vorbereitungen konnte man die Warft aufschütten, wobei auch die Böschung des Fethings sowie der Mantel des Sodenbrunnens in die Höhe wuchs. Etwas höher liegend wurde eine weitere Zisterne angelegt, die keine Verbindung mit dem Fething besaß. Diese Zisterne diente zum Sammeln des Regenwassers vom Dach des Hallighauses. Dachrinnen oder gemauerte Rinnen unter der Dachtraufe leiteten das Regenwasser über ein Rohr zur Zisterne. Während das in Zusammenhang mit dem Fething stehende Wasserbevorratungssystem zur Tränkung des Viehs diente, wurde das gesammelte Regenwasser in der Zisterne als Trinkwasser für die Hausbewohner genutzt. Ihrem Zweck entsprechend lag die Trinkwasser-Zisterne nahe am Wohnteil des Hallighauses, während sich der Sood mit seinem Schwengel und Eingußkasten nahe am Stall befand. Noch lange

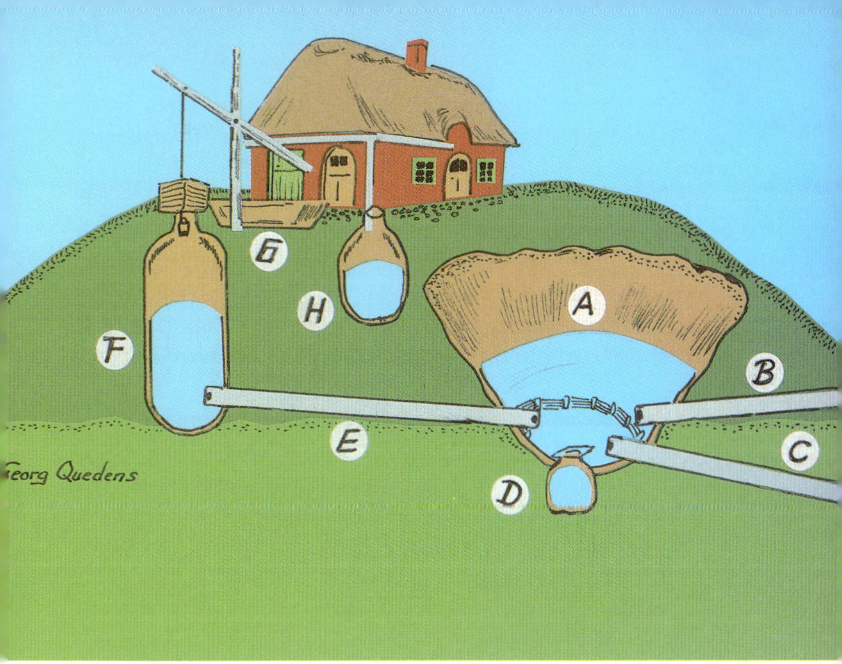

Der Fething (A) und seine Funktion: B - Zufluß aus dem Schetel, C - Abfluß für Salzwasser nach Überflutungen, D - Kulings für die letzte Wasserreserve, E - Zufluß zum Sood (F), G - Soodschwengel und Tränkanlage für das Vieh, H - Sammelleitungen und Zisterne für dasRegenwasser

Fething auf der Warft Hilligenlei, Hallig Langeneß

nach der Jahrhundertwende haben die Gestelle mit ihren Soodschwengeln die Halligwarften verziert, ehe sie durch Motorpumpen ersetzt wurden.

Naturgemäß war die genügende Auffüllung des Fethings mit Soode und Zisternen eine ständige Sorge der Halligbewohner. Vielfach wurde im Winter Schnee in den Fething gekarrt, um mit einem hohen Wasserstand in den Sommer zu gehen. Trockneten die Fethinge aus Mangel an Niederschlägen einmal aus, so wurde ein umständlicher und kostspieliger Wassertransport vom Festlande oder von Föhr notwendig.

Die Halligbewohner haben stets mit zweifacher Wassernot vor Augen gelebt, – dem Mangel an Süßwasser bei anhaltender Trockenheit, und dem Übermaß an Salzwasser bei großen Sturmfluten, wobei sich im letzteren Fall eine unheilvolle Wechselwirkung ergab, weil nicht nur Leben, Haus und Vieh bedroht, sondern auch Fethinge und Brunnen durch die Überschwemmung versalzen wurden.

Hieraus ergab sich für Mensch und Vieh eine zusätzliche Bedrängnis, die erst nach qualvollen Tagen des Durstens, wenn der Sturm vorüber und wieder Schiffsverbindung möglich war, abgewendet werden konnte. Ein besonders eindrucksvolles Beispiel dieser Trinkwasser-Hilfe wurde nach der Sturmflut von 1962 gezeigt. Über sieben Millionen Liter Wasser wurden binnen zehn Tagen zu den Halligen geschafft.

Brennstoff aus Viehmist

Zu den Eigenarten des alten Halliglebens gehörte die Versorgung mit Brennmaterial, die auf originelle Weise gesichert wurde: Man trocknete Kuhmist zu torfähnlichen Fladen, »Ditten« genannt.

Zu diesem Zweck war in der Nähe des Viehstalles ein vierkantiger Behälter, der sogenannte »Pottstall« gemauert, der im Laufe des Winters mit dem Dung aus den Stallgrüppeln gefüllt wurde. Ein Abflußrohr am Boden des Behälters entzog dem Dung die Jauche. Das »Dittenmachen« erfolgte im Frühjahr und begann damit, daß der Inhalt des »Pottstalles« auf den Warftabhang gekarrt und ausgebreitet wurde. Während die Männer, unterstützt von den größeren Knaben, das Herankarren des Dungs besorgten, waren die Frauen damit beschäftigt, den Kuhmist auszubreiten. Anschließend wurde der Dung mit

Ditten, Brennstoff aus getrocknetem Kuhdunk

den Füßen gleichmäßig durchgeknetet und zusammengetreten, wozu man sich zwei Paar Strümpfe anzog. Die auf etwa 5 cm verdichtete Dungfläche wurde anschließend mit einem tuchumspannten Holzstampfer flachgeklopft und blieb nun zum Trocknen liegen.

Je nach den Witterungsverhältnissen wurde die obere Dungschicht nach ein bis zwei Wochen so trocken und fest, daß man, ohne einzusinken, darauf laufen und mit dem Dittenschneiden beginnen konnte. Zum Dittenschneiden wurde ein hölzerner Spaten mit einer scharfen Eisenschneide, der »Dittenpricker«, gebraucht. Die etwa 20 x 20 cm großen Dungplatten wurden nach dem Schneiden gleich umgedreht, so daß nun auch die andere Seite trocknen konnte.

Sobald diese Seite ebenfalls durchgetrocknet und hart war, wurden die Ditten in Reihen aufgesetzt und einige Wochen später nach einer altgeübten Regel in sogenannten »Kloten« am Hause aufgeschichtet, damit der nun beginnende Graswuchs des Warftrasens nicht beeinträchtigt wurde. Etwa Anfang Juni waren die Ditten so trocken, daß sie eingelagert werden konnten. Auch hierzu waren wieder viele Hände nötig. Unten wurden die Ditten in Körbe gefüllt, zum Dachboden getragen und hier aufgestapelt. Für einen Haushalt wurden jährlich 15-20000 dieser, nach Heu duftenden Platten gebraucht.

Vom Dachboden aus führte ein Schacht, das »Dittenloch« hinunter zum Herd in der Küche. Durch eine Luke wurden die Ditten herausgenommen und bei Bedarf der Vorrat durch Nachfüllung von oben ergänzt. Ditten wurden das ganze Jahr als Feuerung gebraucht. Wollte man die Glut bis zum nächsten Morgen erhalten, so wurde abends noch eine Flade auf das Feuer gelegt und mit Asche verdeckt. Im Winter wurde der Beileger im Pesel von der Küche aus mit Ditten beheizt. Weil die Ditten für die Entfachung eines Feuers zu kompakt waren, wurden noch zusätzlich dünnere Fladen, »Scholen« (halligfriesisch »Schäsen«) gemacht. Hierzu wurde der, nach der Dittenzubereitung vor dem Viehauftrieb im Mai noch anfallende Stalldung verwendet, wobei man kleine Haufen auf den Warftrasen legte und mit einem Stallbesen so dünn wie möglich klopfte.

Ganz früher wurden auch die Kuhfladen auf der Weide als Brennmaterial genutzt. Man stellte sie hier paarweise hochkant zum Trocknen auf, so daß sich ein eigenartiges Bild von unzähligen kleinen Misthaufen bot. Auch der Schafmist wurde zum gleichen Zweck fleißig gesammelt, da er »wie Pech und Schwefel brannte«. Pastor L. Lorenzen berichtete um 1750, »daß jeder sein abgemessenes Stück Land hat, auf welchem er den Kot einsammeln mag. Weil aber geizige Leute weiter um sich greifen, so entsteht hierüber manche Zwistigkeit, so daß man alsdann im eigentlichen Verstande sagen kann, daß sich die Leute um einen Dreck streiten«. Doch wird damit auch unterstrichen, welche Bedeutung der Viehmist als fast einzige Brennstoffquelle im alten Halligleben hatte.

Noch bis um 1960 waren Ditten vereinzelt in Gebrauch, ehe sie durch neuzeitliche Energiequellen verdrängt wurden.

Eine der Eigentümlichkeiten des alten Halliglebens fand in einer altgermanischen Form der Landnutzung, der »Allmende«, ihren Ausdruck. Die Allmende beruhte auf dem Grundsatz der gemeinschaftlichen Bewirtschaftung des Halliglandes, doch war dieses Land nicht zu gleichen Teilen, sondern nach erworbenen und ererbten Rechten auf die Bewohner verteilt. Nur Hausgrundstück und Garten auf der Warft waren festzugemessener Besitz. Außerhalb der Allmende lagen und liegen auch einige Flächen des Halliglandes, die vor Anno 1750 aus Kirchenbesitz »verfestet« waren, oder, wie das Gebiet »Hilligen« auf Hooge, als Eigentum der »Alten Kirche« auf Pellworm, an elf Besitzer verpachtet wurde. Eine Ausnahme machten auch solche kleinen Halligen wie Habel, Norderoog oder Süderoog, deren Landfläche sich nur im Besitz einer Person bzw. Familie befanden.

Sofern eine Warft von mehreren Familien bzw. Anteilseigentümern bewohnt war und damit der Allmende unterlag, bildete jede Warft für sich eine Gemeinschaft, die sogenannte »Bohlsinteressentenschaft«, zur Nutzung des zur Warft gehörenden Landgebietes. Jedes Warftgebiet, »Bohl« genannt, grenzte sich in der Regel durch natürliche Wasserläufe gegenüber anderen Warftgebieten ab und bestand aus Weide- und Heuland, ersteres als »Fenne«, letzteres als »Meede« bezeichnet. Die Anteile der Warftbewohner waren in den »Fennen- und Meedebüchern« aufgezeichnet, die reihum von einem Anteilseigner für ein Jahr geführt wurden. Erbschaften und Verkäufe, vor allem aber die sich alljährlich durch Landabbruch verkleinernde Halligfläche und die daraus resultierende »Absetzung« bedingten eine ständige Korrektur bzw. Neuberechnung der Anteile.

Die flächenmäßige Berechnung der Anteile begründete sich auf das »Notsgras« (friesich: »Nuatgärs«, Nuat - Rind), eine Fläche, die von einer Kuh für eine Weidezeit vom 12. Mai bis 24. August gebraucht wurde und 0,8624 ha groß war. Ein »Notsgras« unterteilte sich wiederum in »Schafs«- und «Lammgras«. Das bedeutete, daß der Anteilseigner statt einer Kuh die Fenne auch mit zwei Stück Jungvieh oder vier Kälbern oder vier Schafen bzw. acht Lämmern »bescheren«, also beweiden lassen konnte. Es gab aber auch Viertel oder gar Zehntel vom »Lammgras«, die sich aus der »Absetzung« durch Landverluste errechneten. Bedingt durch die geringere Pflanzenmasse der Halligweide im Vergleich zur Festlandsmarsch war die angesetzte Weidefläche für das Vieh hier etwa doppelt so groß. Keine Beweidungsmaße gab es hingegen für Pferde, da diese mit Ausnahme der »Heuzeit« als Zugtiere für die Heuwagen, seinerzeit auf den Halligen nicht gehalten wurden. Innerhalb des Weidelandes wurde eine besondere »Nachtfenne« ausgewiesen, die als Nachtaufenthalt des hier allabendlich hineingetriebenen Viehs diente. Tiefe Gräben rundherum verhinderten das Weglaufen der Tiere.

Die »Fennenbücher«, die jahrhundertelang hinsichtlich ihrer Bestimmungen fast unverändert gültig blieben, regelten die Verteilung der Flurstücke, die Dauer der Weidezeit, die Weidefreiheit im Winterhalbjahr, Viehzählungen, die »Strafgelder« für Anteilseigner, die ihren Viehbestand überzogen, und die Zeit der Heumahd. Zu regeln waren ferner durch den »Fennenmacher« die Instandsetzung der Wege und Brücken, die Einstellung eines Viehhirten und früher auch die Zuteilung der Flächen, auf denen der Dünger zwecks Verwendung für Brennmaterial gesammelt wurde.

Das »Meedeland«

Die Flächen des Warftgebietes, die der Heumahd dienten, wurden »Meedeland« genannt. Es wurde durch kleine Gräben abgegrenzt und in mehrere Stücke mit speziellen Bezeichnungen in eine Anzahl von Einheiten aufgeteilt. Die einzelnen Einheiten wurden Gewanne oder »Köre« genannt, markiert durch kleine Bodenlöcher, sogenannten »Döhlen«, deren Lage nur dem Kundigen auffiel. Die Größe der »Köre« war wiederum nach den Anteilen des Bohlsinteressenten am »Notsgras« festgelegt, wobei jedoch ein »Notsgras« auf 6 Schaf- oder 12 Lammgras gerechnet wurde. Sowohl die einzelnen Anteile der »Körgemeinschaft«, als auch der komplizierte Verteilungsmodus waren im »Meedebuch« verzeichnet. Wie bei der »Fenne«, so waren auch hier durch Erbschaft, Kauf oder Umzug Bewohner anderer Warften beteiligt. Die Verteilung der »Köre«, »schiften« genannt, wurde jährlich neu durchgeführt, damit die guten und weniger guten Grasflächen reihum gerecht verteilt wurden. Beim »Meedeland« wurden jedoch die durch das Meer abgebauten Landflächen nicht »abgesetzt«, so daß reihum die Meedelandinteressenten eine unbenutzbare Uferzone akzeptieren mußten. Gerade in diesem Vorgang dokumentierte sich die Gerechtigkeit und der Zweck der »Allmende«, die allen Landinteressenten gleichermaßen die alljährlichen Landverluste anlastete, ohne jemanden zu bevor- oder zu benachteiligen.

Vor der Mahd wurden die einzelnen Anteile anhand der »Döhlen« durch Grasbüschel markiert, zwischen denen der Mäher auf einer geraden Linie mähen mußte, ohne dem Nachbarn Gras abzuschneiden. Die dürftigen Wegeverhältnisse auf den Halligen, unterbrochen noch von Prielen mit schmalen Brücken, gestatteten nur bedingt das Einbringen des Heus mit einem Pferdefuhrwerk. Vielmehr wurde das Heu, in großen Laken gebunden, auf dem Kopf zur Warft getragen oder mittels eines Bootes über die Priele nach Hause geschleppt. Da es immer wieder vorkam, daß sommerliche Sturmfluten, sogenannte »Heufluten« das Heu wegschwemmten, wurden auf fast allen Halligen Teile des »Meedelandes« durch kleine Sommerdeiche geschützt, auf Gröde sogar eine Fläche von rund 80 ha.

Nach der Uferbefestigung der Halligen um die Jahrhundertwende und der damit verbundenen Sicherung des vorhandenen Landes, wurde der »Körwechsel« allmählich abgeschafft. Schließlich wurde die ganze Allmende aufgehoben, zuerst im Jahre 1938 auf Hooge, nach dem letzten Weltkrieg auch auf Langeneß und Oland. Gegenwärtig wird nur noch auf dem »Fennenland« der Hallig Gröde diese alte Form der Landnutzung aufrechterhalten.

Landwirtschaft

Die Landwirtschaft auf den Halligen beschränkt sich auf die Viehzucht, da regelmäßige Salzwasser-Überflutungen keinen Anbau von Getreide oder Feldfrüchten zulassen. Auf der, durch einen Sommerdeich geschützten Hallig Hooge wurden zwar im Jahre 1933 Hafer und Gerste ausgesät, von 1938–41 auch ein Versuchsfeld mit Rüben und Kartoffeln angelegt, doch ohne bleibenden Erfolg. Fraglich sind auch Nachrichten über Kornköge aus dem 18. Jahrhundert. Vermutlich handelte es sich um Sommerköge zum Schutz der Heuernte. Die früher auf fast allen Halligen vorhandenen Bockmühlen dienten also nicht dazu, eigene Ernten, sondern das vom Festlande eingeführte Getreide zu Graupen oder Schrot zu mahlen.

Die Viehzucht bezog und bezieht sich auf Schafe und Rinder, wobei zunächst die Haltung von Schafen dominierte. Aus einem Bericht über die Sturmflut von 1825 ist zu ersehen, daß es auf den Halligen

Die letzte Bockmühle der Hallig Hooge

rund 1 500 Schafe und knapp 600 Kühe gab. Auf der Hallig Hooge waren seinerzeit 300 Schafe und 190 Kühe, doch sind diese Zahlen relativ, da in der »Seefahrerzeit« die vorhandene Landfläche kaum voll genutzt wurde. Wie z. B. auf den seinerzeitigen Seefahrerinseln Sylt, Föhr und Amrum, dürfte auch auf den Halligen die Landwirtschaft von den Frauen nur eingeschränkt betrieben worden sein. Erst ab etwa 1830 scheint eine Intensivierung der Viehzucht registrierbar. 1920 wurden auf Hooge 780 Schafe und 340 Rinder gezählt. Heute gibt es auf dieser Hallig 600 Rinder, aber nur noch knapp 10 Schafe.

Die frühere Bedeutung der Schafhaltung lag in der Gewinnung der Wolle, die zum Teil zum Festlande verkauft, aber auch in den Halligstuben gesponnen wurde. Die Schafschur erfolgte im Mai oder Juni. Zu diesem Zweck wurden die Schafe an Prielen oder bei Hochwasser am Halligufer zusammengetrieben und eines nach dem anderen in das Wasser geworfen, wo sie von den Halligbauern gründlich gewaschen wurden. Einige Tage später, wenn die Wolle getrocknet war, begann

Heuernte. In Laken gebunden wird das Heu zur Warft getragen oder über schwierige Wege mit einem Fuhrwerk befördert

die Schafschur. Besondere Aufmerksamkeit erforderte die Lammzeit, damit die noch unbeholfenen Lämmer nicht in einen Graben stolperten und ertranken. Es wurde deshalb früher von den Warftgemeinschaften ein Hirtenknabe angestellt, der das Vieh beaufsichtigte und dreimal täglich zum Tränken bzw. Melken zur Warft führte. Wohnung und Bezahlung erfolgten nach den Anteilen am »Notsgras«.

Das Rindvieh wurde zum Teil zum Schlachten nach Husum gebracht. »Und wenn der Sommer gut war, so wurde viel Butter und Käse verfertigt, weil unsere Kühe alsdann eine treffliche Milch geben. Die Butter verkaufen unsere Frauensleute auf Föhr. Vieles wird auch nach Hamburg geführet und von den Halligen insgesamt ein ganzes Fahrzeug damit beladen, woraus man sieht, daß unsere Inseln auch weitentlegenen Ländern etwas von ihrer Fettigkeit mitteilen«, schrieb L. Lorenzen um 1750.

Heute dominiert die Technik auch in der Hallig-Landwirtschaft. Zweimal täglich, morgens und abends, werden die Kühe zum Melken an die Melkmaschine geschlossen. Die Milch wird zentrifugiert, die

Sahne tiefgefroren und zwecks Verarbeitung zu Butter nach einer Meierei auf dem Festlande gesandt, während die Magermilch im Haushalt oder zur Aufzucht von Kälbern Verwendung findet. Viele landwirtschaftliche Arbeiten, wie Heumahd und Heuernte, werden heute mit dem Traktor erledigt, der auf festen Straßen zu den Wiesen fährt.

Doch trotz dieser Erleichterungen steht die Landwirtschaft auf den Halligen vor Problemen: die Abwanderung der Jugend zum Festlande, um dort in lukrativeren Berufen zu arbeiten, und die Nachfolge in den größtenteils erst nach 1962 neugebauten Betrieben. Nach einer Untersuchung im Jahre 1971 ist von 24 Betrieben der Hallig Hooge nur für 3 die Nachfolge gesichert. Vier Betriebe werden in der Kombination Landwirtschaft–Fremdenverkehr weitergeführt, während bei den übrigen 17 in absehbarer Zeit damit gerechnet werden muß, daß sie aufgegeben werden. Damit sind aber nicht nur die Ziele der Halligsanierung, Existenzmöglichkeiten zu schaffen, in Frage gestellt, sondern auch Probleme der Wirtschafts- und Besiedlungsstruktur aufgeworfen, deren Lösung vermutlich wiederum ohne staatliche Hilfe nicht möglich ist.

Jagd und Fischfang

Berufsmäßige Fischerei hat es auf den Halligen in früheren Jahrhunderten kaum gegeben. Erst in neuerer Zeit wird von der Hallig Hooge aus mit einigen Kuttern Krabbenfang betrieben. Dagegen haben Jagd und Fischfang für den Eigenbedarf stets eine große Rolle gespielt. Der weite Raum des Wattenmeeres und die früher scheinbar »unerschöpfliche« Natur boten sich zum Jagen und Fischen an, und durchweg war beides für die Halligbewohner frei. Nur gelegentlich forderte die Obrigkeit in Form von »Gänsegeld« oder »Rochensteuer« einen Tribut.

Während Wattvögel und Enten vom Ufer aus mit der Flinte erlegt wurden, fing man Wildgänse, vor allem Ringelgänse, mittels hohen Stellnetzen, die eben über der Hochwasserhöhe gespannt wurden und in die sich des Nachts die tieffliegenden Gänse verfingen. Auf der Hallig Norderoog wurde sogar eine kleine Vogelkoje, eine Fanganlage, wie es sie auf den Nachbarinseln gab, eingerichtet. Doch hatte der Wildentenfang hier keinen Erfolg.

In der Brutzeit wurden eifrig die Gelege der See- und Strandvögel gesammelt, wobei besonders die von Seeschwalben dicht besiedelte Hallig Norderoog das Ziel der Eiersammler war. Für die in Höhlen brütenden Enten wurden künstliche, mit Brettern überdeckte Höhlen angelegt, die sich zwecks Entnahme der Gelege öffnen ließen, eine Praxis, die auch heute noch vereinzelt geübt wird.

Von großer Bedeutung war in früherer Zeit die Seehundsjagd, lieferte doch der Seehund nicht nur ein wertvolles Fell, sondern auch einigen Tran, der u. a. zur Speisung der Beleuchtung verwendet wurde. Noch um 1900 lag die jährliche Strecke an Seehunden im Halligmeer bei etwa 150 Tieren. Besonders bekannt als Jäger und Führer auf Seehundsjagd war der Hooger Philipp von Holt, der es auf eine Strecke von etwa 6 000 Seehunden brachte. Sohn und Enkel haben dieses Geschäft bis heute weitergeführt. Allerdings unterliegt die Seehundsjagd heute der Abschußplanung und einer Lizenzierung.

Fischfang wurde auf vielfältige Weise betrieben. Die einfachsten Methoden waren das sogenannte »Buttpetten« und das »Preggen«. Beim »Buttpetten« wurden seichte Priele durchwatet, in denen bei Ebbe, nur eben von Sand bedeckt, zahlreiche Plattfische ruhten. Die festliegenden, unter die Sohle geratenen Fische, wurden mit der Hand herausgeholt. Zum »Preggen« bediente man sich eines siebenzackigen Stechers, mit dem systematisch der Sand flacher Priele durchstochert und die ruhenden Plattfische aufgespießt wurden. Die häufigste Art des Fischfanges bestand jedoch in der Anlage von Fischgärten, »Teenen« genannt. Hier handelte es sich um lange, meterhohe Zäune aus dicht an dicht gesteckten Stöcken, die von einer breiten Öffnung her spitz zusammenliefen, um in einer Reusenanlage zu enden. Die bei Flut auf dem Watt umherschwimmenden Fische gerieten bei Ebbe auf der Rückwanderung gegen diese Zäune und wurden in die Reuse geleitet. Bei Niedrigwasser erschien der Besitzer des Fischgartens, um die Reusen zu leeren. Neben Plattfischen (Schollen, Butt), Aalen und Aalmuttern wurden im Frühsommer vor allem Hornfische gefangen.

Ähnlich fing man früher Rochen. Auf dem Watt zwischen Nordmarsch und Föhr wurde der Rochenfang noch Anno 1705 für die Summe von 5 Rtlr. verpachtet, doch fand sich im Jahre 1732 kein neuer Interessent, weil die Fänge zu gering geworden waren. Eine weitere Methode zum Fang von Plattfischen und Aalen bestand im Auslegen von langen Leinen mit einer Vielzahl von Angelhaken, die mit Wattwürmern beködert waren. Diese Leinen wurden entweder

Halligfrauen in voller Kleidung mit der Gliep auf Krabbenfang

bei Flut von einem Boot aus auf den Grund herabgelassen und nach einiger Zeit wieder eingeholt, oder bei Ebbe im Watt ausgelegt, damit bei Flut die Fische anbissen.

Auf eigentümliche Art stellten die Halligbewohner, vor allem die Frauen, im Spätsommer den Krabben (»Porren«) nach. Bewaffnet mit einem kescherähnlichen Gerät, der »Gliep«, wateten die Krabbenfänger bei ablaufendem Wasser in alten Kleidern bis zum Bauch im Wasser und schoben ihre »Gliep« über den Boden hin und her. Von Zeit zu Zeit wurde der Kescher gehoben und geleert. Diese Fangart wird gelegentlich auch heute noch betrieben.

Schließlich spielten auch Muscheln als Nahrungsquelle eine beachtliche Rolle. Von den auf dem Watt liegenden Bänken wurden Miesmuscheln gepflückt, während man die große Klaffmuschel aus einer Tiefe von etwa 30 cm ausgrub.

In den Fluren und Stuben alter Hallighäuser leuchtet noch heute eine große Zeit, die »Goldene Zeit« des Walfanges und der Handelsseefahrt von den Wänden, – in Form von kostbaren Fliesen und Fliesenbildern mit Schiffen.

Der Walfang begann für die Inselfriesen etwa um 1630, nachdem Engländer und Holländer in den Jahren 1609 und 1611 auf der Suche nach einer nordöstlichen Durchfahrt nach Ostindien im arktischen Eismeer den Reichtum an Walen und anderen Tieren entdeckten und mit deren baldiger Ausbeutung begannen. Offenbar hat es den Holländern seinerzeit an seetüchtigen Mannschaften gefehlt, denn zunächst bemannten sie ihre Schiffe mit Basken, und suchten dann, als der französische König den Basken die Seefahrt auf holländischen Schiffen verbot, neue Mannschaften auf den Nordfriesischen Inseln und Halligen. Hier stellten sich bald alle seetüchtigen Männer in den Dienst der Holländer. »Itzo wird unsere Nation (die Inselfriesen) von den Holländern sehr geliebet« notierte ein Chronist jener Zeit. Um 1700 gab es z. B. auf Nordmarsch reichlich 100 Seefahrer, darunter 4 Commandeure auf Walfangschiffen.

Die Knaben fuhren schon ab ihrem 15. Lebensjahr, Männer noch bis zum 60. ja 70. Lebensjahr auf Walfang hinauf in das Eismeer. Die Abfahrt erfolgte mit Küstenfrachtern, sogenannten Schmackschiffen, Ende Februar über die Nordsee direkt zu den holländischen, später auch hanseatischen Ausgangshäfen. Von einem zum anderen Tag wurden Inseln und Halligen fast aller Männer entblößt. Pastor L. Lorenzen schrieb um 1750: »Es ist kaum zu beschreiben, wie traurig es läßt, wenn alle Mannspersonen von unserer Insel weggefahren sind. In den ersten Tagen nach ihrer Abreise ist alles ganz still, man sieht fast niemanden auf dem Felde gehen, und es scheint, als ob die Einwohner gänzlich ausgestorben sind.« In den Ausgangshäfen wurden die Walfänger auf die einzelnen Schiffe verteilt. Nach der Ausrüstung ging die Fahrt hinauf in das Eismeer um Spitzbergen, wo die Schiffe etwa Ende April ankamen. Irrtümlich wurde Spitzbergen für die Ostküste von Grönland gehalten, so daß man den Walfang auch als »Grönlandfahrt« bezeichnete. Dabei blieb es auch, als der geografische Irrtum erkannt war.

Wenn der Commandeur von einer Auslugtonne im Mast, »Krähennest« genannt, einen Wal erspähte, rief er: »Fall!« Dann wurden

Schaluppen, größere Ruderboote mit zugeteilten Mannschaften, zu Wasser gebracht. Nachdem die Schaluppe bis in die unmittelbare Nähe des Wales gesteuert war, stieß der Harpunier die Harpune in den mächtigen Körper des arglosen Tieres. Dann legte sich die Rudermannschaft mit aller Kraft in die Riemen, denn nicht selten wurden Boot und Mannschaft durch die Schwanzfluke des untertauchenden Wales zerschmettert.

Die Harpune war mittels einer langen Leine mit der Schaluppe verbunden. Der Wal nahm das Boot in Schlepp und wurde so lange gehetzt, bis er ermattet an die Oberfläche kam und mit einer langen Lanze erlegt werden konnte. Der getötete Wal wurde zum Mutterschiff gerudert, wo mittels Flaschenzügen und Speckmessern die umfangreiche Speckschicht abgeflenst wurde. Anfangs wurde der Speck gleich auf einer Station namens »Smeerenborg« auf Spitzbergen zu Tran ausgekocht. Später wurde der Speck in Tonnen eingesalzen und zum Auskochen in die Heimat gebracht.

Der relative Wohlstand des Walfanges begründete sich auf die seemännische Tüchtigkeit der Inselfriesen. Sie blieben nicht lange einfache Matrosen, die nur eine feste Heuer bekamen, sondern bekleideten bald höhere Ränge bis hinauf zum Commandeur und wurden damit prozentual am Erlös aus dem Walfang beteiligt. Zur seemännischen Bildung trug wesentlich der Besuch von »Navigations-Schulen« bei, die im Winterhalbjahr, nach Heimkehr der Walfänger, auf der Nachbarinsel Föhr besucht wurden.

Unter den Grönland-Commandeuren von den Halligen wurden vor allem die drei Brüder Rachtsen (Ragsen) von Hooge bekannt. Lödde Ragsen, der seinen Namen, wie seinerzeit üblich, verhollandisierte und sich Lucas Richerdsz nannte, führte als Commandeur zwischen Anno 1734 und 1751 holländische Walfangschiffe zur Davidsstraße und in das Eismeer zwischen Grönland und Spitzbergen. Dabei fing er 51 1/2 Wale, (Halbe Wale ergaben sich aus der Teilung der Beute mit anderen Schiffen), ohne je einmal Schiffbruch zu erleiden.

Sein Bruder Frerck Rachtsen (holländ. Frederik Richerdsz) fuhr von 1743–1768 als Commandeur von Amsterdam aus, fing auf diesen 25 Reisen 85 1/2 Wale, verlor allerdings dreimal ein Schiff. Er war der letzte Grönland-Commandeur von Hallig Hooge. Weniger Glück hatte der jüngste Bruder, Nommen Ragsen (holländ. Nanning Richerdsz), der nur zweimal einen Walfänger in das Eismeer führte und 1752 sein Schiff im Eise lassen mußte.

Eine kunstvoll geschnitzte Schrankluke erinnert an einen bedeutenden Hooger Grönland-Commandeur

Walfangszene im nördlichen Eismeer

Von der Hallig Oland sind aus jener Zeit um 1760 ebenfalls drei Commandeure bekannt, nämlich Peter Bandix, Tade Hinrichs und Peter Friedrichsen. Über den Commandeur Paul Frercksen, geboren 1731 auf Langeneß, berichtet ein kunstvoller Grabstein auf dem Friedhof von St. Nicolai, Boldixum-Föhr. Der letzte, von den Halligen stammende Führer eines Walfangschiffes, war Volkert Jansen von Nordmarsch. Er verunglückte Anno 1777 an der Ostküste von Grönland.

Der Walfang, der einerseits den Inselfriesen Wohlstand bescherte, brachte andererseits auch Not und Trauer auf die Inseln und Halligen. Es verging kaum ein Jahr, ohne daß heimkehrende Walfänger Unglücksbotschaften an ihre Landsleute überbringen mußten. So heißt es im Totenregister der Kirchengemeinde Nordmarsch Anno 1780: »Folgende 12 Personen sind Ao 1777 in Grönland ums Leben gekommen, weil man aber lange gehoffet, daß sie kommen sollten, haben sie nicht eher aufgeführt werden können . . .« Unter den zwölf Umgekommenen war der jüngste ein Knabe von 14 Jahren, der älteste ein Mann von 60. »Diese 12 Personen sind, nachdem sie in Grönland ihr Schiff verloren, über das Eis davongegangen und auf einer wüsten Insel, Stadenhuk genannt, umgekommen.«

Auch die Hin- und Herfahrten der Schmackschiffe waren nicht ohne Gefahr. Im Jahre 1744 kenterte die Schmack des Föhrers Pay Melfs mit 200 heimkommenden Walfängern vor dem Kniepsand von Amrum und »alle gingen angesichts ihres Vaterlandes zu Grunde.«

Handelsseefahrt

Im Laufe des 18. Jahrhunderts begann der Walfang durch die rücksichtslose Ausbeutung unrentabel zu werden und mehr und mehr wandten sich die Inselfriesen der Handelsseefahrt zu, wobei man teils den holländischen Reedereien treu blieb, teils sich nach Hamburg orientierte.

Bereits im 17. Jahrhundert hatten die Halligbewohner mit eigenen Schiffen Fracht- und Handelsfahrten an den nord- und westeuropäischen Küsten betrieben. Ein Schiffsverzeichnis nennt um die Mitte des 17. Jahrhunderts 7 Schmackschiffe, 9 Galioten, eine Pink und eine Kragh, also kleinere Handelsschiffe nach holländischer Art gebaut. Das Vorhandensein eines »Vollen Seegerichts« auf der Hallig Oland unterstreicht die damalige Bedeutung der eigenen Handelsseefahrt. Anno 1661 erhielten die Schiffer der Halligen von König Karl II. von Groß-Britannien die Freiheit, auf 12 ihrer Schiffe mit nordischen Waren nach England zu fahren und dort Handel zu treiben. 1668 wurde ihnen durch den dänischen König Friedrich III. Zollerleichterungen für ihre Fahrten nach Norwegen gewährt.

Noch um 1670 – 90 gab es mehrere bedeutende Besitzer und Führer von Handelsschiffen auf den Halligen, die nach Frankreich, Holland, England und Norwegen fuhren, allerdings viel unter türkischen Seeräubern zu leiden hatten. Anno 1687 verlor z. B. der Schiffer Ipke Paulsen von Oland sein Schiff, als er mit sechs Landsleuten auf einer Fahrt von Oland nach Drontheim und von dort mit einer Ladung Stockfisch nach London bestimmt, fahrend, nahe der Doggerbank gekapert wurde. Das Schiff wurde ausgeplündert und die sieben Halligfriesen als Gefangene an Bord des türkischen Kaperers gebracht, um später als Sklaven verkauft zu werden. Im Mittelmeer nahe Algier wurden sie nebst reichlich einhundert weiteren Gefangenen jedoch durch ein französisches Orlogschiff befreit und kamen im Oktober, allerdings ohne Schiff, wieder in die Heimat zurück.

Ende des 18. Jahrhunderts fuhren allein von Hooge an die einhundert Männer zur See. Davon waren 18 Schiffer, also Kapitän. 17 führten ein holländisches Schiff, nur einer ein dänisches Schiff von Flensburg aus. Im »Nordfriesischen Jahrbuch 1971« hat Pieter Dekker die Geschichte von drei Hooger Kapitänen auf Ostindienfahrt in Diensten holländischer Reeder nachgezeichnet: Jan Laurens (Johann Lorenzen) führte von 1717 bis 1719 das Schiff »Wijnendaal« mit 150 Mann Besatzung nach Ostindien und bekam als Lohn für die gelungene Reise 1727 Gulden. Von 1721 bis 1725 führte er die »Harlem« mit 250 Mann und brachte als Lohn 3479 Gulden mit nach Hause.

Jan Theunis (Johannes Tadsen) war Befehlshaber auf den Schiffen »Margaretha«, »Wijnendaal« und »Apollonia«. Er fuhr zwischen 1720 und 1724 von Ostindien nach Japan und ging dann »mit Mann und Maus« unter.

Hans Nommensen war der dritte Ostindien-Kapitän. Er führte 1736 und 1737 die Schiffe »Papenburg« bzw. »Kerzicht« nach Batavia und starb dort im Hafen.

Ein weiterer Kapitän auf holländischen Kauffahrteifahrern jener Zeit war Tade Hans Bandix, der nach Amsterdamer »Seebriefen« in der Zeit von 1748 bis 1777 verschiedene Schiffe nach Skandinavien und in die Ostsee führte und auch Anteilhaber an Schiffen war. Nachdem er im Jahre 1760 das Schiff »Cornelia en Maria» bei Landskrona an der schwedischen Westküste verloren hatte, übernahm er das Kommando auf der »Anna Maria«, 196 Lasten groß. Mit diesem Kauffahrteischiff fuhr Tade Hans Bandix bis 1773 von Amsterdam aus mit einer rein nordfriesischen Besatzung an Bord. Beide Schiffe werden auf einem Fliesentableau im »Königs-Pesel«, dem früheren Wohnhaus des Kapitänes auf der Hallig Hooge, gezeigt. In der Mitte prangt die »Anna Maria«, links im Hintergrund die »Cornelia en Maria« mit der Angabe: »Verloren op Sweden 1760«. Schiffstableaus im Landesmuseum Schloß Gottorf zeigen einen prächtigen Handelsfahrer, »D'Handelaar«, geführt von Bandik Frederik Hansen in der Zeit von 1750 bis 1778. Bandik, der auf Hooge Tade Hansen genannt wurde, war ein Bruder von Tade Hans Bandix. Der ungleiche Stammname beruht auf der unterschiedlichen Anwendung des Patronymikons.

Schließlich sei noch ein weiteres Schiffstableau auf der Warft Mitteltritt erwähnt. Es zeigt die Dreimast-Galliot »Victoria«, auf russische Rechnung geführt von Boy Andreas Bandiksen.

Anfang des 19. Jahrhunderts machte sich der Kapitän Haye Laurens (Lorenzen) von der Hallig Hooge einen Namen, als er den Grafen Ludwig von Provence nebst Gefolge von Bolderaa nahe Riga nach Kalmar in Schweden trotz stürmischen Wetters sicher hinüber- und wieder zurückbrachte und dafür im Jahre 1818, als der Graf König von Frankreich geworden war, den »Lilienorden«, eine Urkunde und ein Gnadengeschenk von 1000 Franken erhielt.

Die Zeit der Handelsseefahrt mehrte den, schon auf dem Walfang begründeten Wohlstand, und eröffnete den Inselfriesen die Welt, war aber noch mehr als der Walfang mit unverhältnismäßig hoher Lebensgefahr verbunden. Todesnachrichten von Seefahrern trafen aus allen Häfen in Ost und West ein. Um 1790 waren z. B. auf der Hallig Nordmarsch zwei Drittel der Frauen Witwen, und das war keine Ausnahme. Die hohe Todesrate der Seefahrer durch Unglücksfälle, Piraterie in fast allen Gewässern und tropischen Krankheiten, begann eine abschreckende Wirkung zu verbreiten. Aber das Ende dieses »Goldenen Zeitalters« wurde durch die Napoleonischen Kriegswirren, vor al-

Ein Schiffstableau im »Königs-Pesel« zeigt holländische Handelsschiffe, von Kapitän Tade Hans Bandix geführt

lem durch den Krieg zwischen England und Dänemark von 1807 – 1814, bewirkt. Um diese Zeit wurde die Landwirtschaft bzw. Viehzucht ein vorrangiger Lebensfaktor auf den Halligen.

Um 1830 betrug die Zahl der Seefahrer auf Hallig Hooge nur noch 25 – 30. Ein Vorschlag des Pellwormer Deichkommissars Petersen im Jahre 1836, eine Aktiengesellschaft mit einem Kapital von 14 – 16.000 Courant M. zu gründen und ein Kauffahrteischiff in den Dienst zu stellen, dessen Mannschaft vom Kapitän bis zum Schiffsjungen nur aus Halligbewohnern bestehen sollte, kam nicht zur Ausführung.

Erst ab 1860 eroberte die Handelsseefahrt, zunächst von Hamburg und Altona aus nach Ost- und Westindien, dann auf Salpeterfahrten

Fünfmastvollschiff »Preußen«, Kapitän Boye Petersen

zur Westküste von Südamerika, im Halligleben wieder einen gewissen Rang. Um 1870 hatte Hooge wieder drei Kapitäne, auch andere Halligen stellten Schiffsführer. Am bekanntesten wurde der auf Langeneß geborene und lange auf Föhr lebende Boy Petersen, der Segelschiffe der bedeutenden Hamburger Reederei Laeisz zur Westküste führte, darunter auch das Fünfmast-Vollschiff »Preußen«, das größte Segelschiff, das je die Weltmeere befahren hat. Im Jahre 1903 erreichte Boy Petersen mit der »Preußen« in 56 Tagen von Hamburg aus den Salpeterhafen Iquique, eine Rekordzeit, die nie wieder erreicht wurde. Durchschnittlich waren die Segler 90 Tage auf dieser Strecke unterwegs, wobei das berüchtigte Kap Hoorn umrundet wurde.

Hallig-Trachten

Hinsichtlich der Trachtenvielfalt konnte kaum eine andere europäische Landschaft vom 17. bis zum 19. Jahrhundert mit den nordfriesischen Geestinseln Sylt, Föhr und Amrum konkurrieren. Zu fast allen Festen und Feiern in Familie und Kirche gab es hier Frauentrachten verschiedenster Art. Hingegen hat es auf den Halligen nur eine Tracht gegeben, die jedoch, von geringen Veränderungen abgesehen, seit dem Mittelalter bestand und um die Mitte des 19. Jahrhunderts schließlich das Vorbild der heutigen »Friesentracht« wurde.

Die Trachtenvielfalt bezog sich auf Mädchen und Frauen, während die Alltags- und Feiertagskleidung der Männer ohne spezielle nordfriesische Akzente nach allgemeiner Art, hauptsächlich beeinflußt von Holland, getragen wurde. In den Jahrhunderten der Seefahrerzeit, als die Inselfriesen eng mit Holland verbunden waren, »bestanden die alltäglichen Seekleider der Männer aus weiten Pluderhosen von Segeltuch, einem braunen, kurzen Kollert, einem hohen, holländischen Hut mit zwey Finger breitem Rand und einem Paar weiten Stiefeln. Feiertags wurden kleine Cantorröcke und Kleider aus bunten, holländischen Laken getragen«, schrieb Lorenz Lorenzen um 1750 von Nordmarsch.

Die Halligfrauen trugen eine »von Alters her gebräuchliche Tracht, die so artig nach dem Leibe geschnitten, daß wenig überflüssiges daran zu finden war«. Die Kopfbedeckung der Mädchen bestand aus einer seidenen, mit einem zwei Finger breiten Rand gesäumten Mütze, die mit einem Schleifenband unter dem Kinn gehalten wurde. Verheiratete Frauen trugen unter dieser Mütze eine weiße Haube, darüber wurde ein handbreites, schwarzes Samttuch, »Stikkels« genannt, mit Bändern und Marderfell gesäumt, gebunden.

Das Kleid war ein glatt am Leibe liegendes Futterhemd, mit Ärmeln bis zum Handgelenk. Vorn stand das Hemd offen, doch wurde die Brust mit einem zierlichen Latz bedeckt. Die eigentliche Zierde dieser Halligtracht war eine 7 – 8 Ellen lange silberne Kette mit Medaillen und Silberschmuck, die, von zahlreichen silbernen Haken gehalten, vor der Brust hin- und hergespannt wurde. Ein Überrock aus blauem Tuch, bedeckt von einer blauen Schürze, vervollständigte diese Tracht, deren Schnitt und Silberschmuck in wesentlichen Merkmalen das Vorbild jener Tracht war, die sich um die Mitte des 19. Jahrhunderts auch auf Föhr und Amrum zu entwickeln begann, nachdem dort die Trachten der »Seefahrerzeit« verschwunden waren. Gemälde von Kapitänsfrauen aus der Zeit um 1850 zeigen auf den Inseln und Halligen die Ausrichtung zu einer gemeinsamen Friesentracht. Die früher quergespannte Silberkette wird nun auf den Halligen, wie auf Föhr und Amrum, bogenförmig unter das breite Gliederband des Brustschmucks gehängt, und statt der Münzen und Medaillen setzten sich Filigranknöpfe durch, die im Halbkreis den unteren Teil des Brustschmucks umrahmen. Aus dem kunstvoll bestickten Kopftuch entstand die mit Fransen versehene »Haube« der gegenwärtigen Friesentracht.

Leider wird diese Tracht auf den Halligen heute kaum noch getragen, es sei denn in Einzelfällen zu ganz besonderen Anlässen. Bereits um 1925 zeigten sich nach Theodor Möller nur noch etwa 30 ältere Frauen in dieser festlichen Tracht beim Gottesdienst oder auf Familienfeiern. Die letzten ständigen Trachtenträgerinnen starben um 1950 und nahmen ein Glanzstück alter Halligkultur mit ins Grab. Fotos von Halligfrauen in Tracht, die gegenwärtig dann und wann publiziert werden, dienen einer zweifelhaften Werbung für den Fremdenverkehr und täuschen den Betrachter darüber hinweg, daß die Friesentracht aus dem Halligleben verschwunden ist.

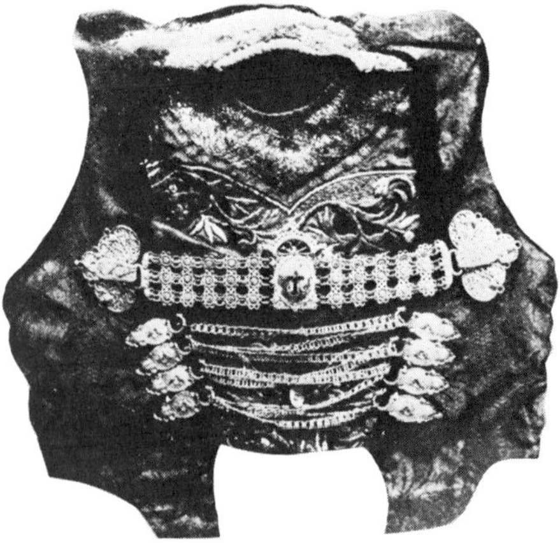

Silberschmuck der Halligtracht

Um 1750 berichtete der spätere Pastor Lorenz Lorenzen (1720 – 1790) in seiner »Beschreibung der Insel Nordmarsch« über die friesische Sprache: »Es wird dieselbe auf unserer Insel am reinsten und nettesten geredet . . . Es ist diese Sprache geschickt, alle Sachen in geistlichen und weltlichen Dingen auszudrücken, und es ist nur schade, daß die Gelehrten sich derselben nicht angenommen und etwas ins Feine gebracht, daher nirgends Friesisch gepredigt und auch keine Bücher in derselben Sprache gedruckt wurden . . .« L. Lorenzen gibt dann selbst zwei Beispiele durch die Übersetzung des »Vater unser« und eines geistlichen Liedes.

Heute, 200 Jahre später, ist das Halligfriesisch nur noch in Resten vorhanden und, da es nur noch durchweg von älteren Halligbewohnern gesprochen wird, dem Aussterben nahe.

Die friesische Sprache, die neben dem Niederdeutschen, Deutschen und Englischen eine selbständige, westgermanische Sprache ist und in mancher Beziehung dem Englischen am nächsten steht, wird bzw. wurde im Bereich der niederländischen und deutschen Nordseeküste gesprochen. Hier gliedert sich Friesisch in die drei Sprachgebiete Westfriesland (Nordostholland), Ostfriesland und Nordfriesland auf. Doch wird in Ostfriesland heute praktisch kein Friesisch mehr gesprochen.

In Nordfriesland, wo aus der jahrhundertelangen Berührung in der »Seefahrerzeit« mit Holland und bedingt durch die seit der Wikingerzeit bis 1864 dauernde politische Verbindung mit Dänemark, gewisse Spracheinflüsse aus beiden Ländern zu finden sind, teilt sich das Friesisch in Festlands- und Inselfriesisch auf. Dabei wird es sowohl auf dem Festlande, als auch auf den Inseln und Halligen in unterschiedlichen Mundarten gesprochen. Vom Sprachklang und Vokabular her steht das Halligfriesisch zwischen dem Föhr-, Amrumer- und dem Festlandsfriesisch, wobei Jens Lorenzen eine gewisse Übereinstimmung mit spezifischen Sprachmerkmalen im Raum von Hattstedt (Goesharde) feststellte.

Man darf sicher annehmen, daß das Halligfriesisch, das dem Festlandsfriesisch zugerechnet wird, identisch mit der ehemaligen friesischen Sprache auf Nordstrand und Pellworm ist. Auf diesen Marschinseln ist Friesisch jedoch nach Aug. Sach bereits Ende des 18. Jahrhunderts zugunsten des Plattdeutschen ausgestorben, zuerst auf Nordstrand, dann auf Pellworm.

Ungeachtet ihrer isolierten Lage kam es auch auf den Halligen bereits gegen Ende des 19. Jahrhunderts zur Verdrängung der friesischen Sprache durch den Einbruch des Plattdeutschen. Die nachstehende Tabelle macht dann die weitere Entwicklung bis zur Gegenwart deutlich:

Jahr: 1890	Bewohner: 512 Häuser: 123	Sprache in den Haushaltungen: Friesisch in 87 Plattdeutsch in 33 Hochdeutsch in 3
Jahr: 1909	Bewohner: 462 Häuser: 114 mit 111 Haushaltungen	Sprache in den Haushaltungen: Friesisch in 51 Plattdeutsch in 44 Hochdeutsch in 5 Fries.-Plattd. in 10
Jahr: 1924	Bewohner: 490 Häuser: 121 mit 125 Haushaltungen	Sprache in den Haushaltungen: Friesisch in 41 Plattdeutsch in 70 Hochdeutsch in 4 Fries.-Plattd.-Deutsch in 10
Jahr: 1972	Bewohner: 432 Häuser: 122	Sprache in den Haushaltungen: Friesisch in 3 Plattdeutsch in 80 Hochdeutsch in 14 Fries.-Plattd. in 6 Plattd.-Hochdeutsch in 15

Während das Halligfriesisch in der Zeit von 1890 bis 1924 einen Rückgang von über 40 % erlitt, stieg der Anteil Plattdeutsch sprechender Bewohner um mehr als 37 %. Hochdeutsch spielte dagegen noch keine Rolle, da es sprachlich zu sehr aus dem Rahmen fiel. Hochdeutsch sprechende Einwanderer bequemten sich in der Regel bald zum Plattdeutschen.

Nach der statistischen Erhebung von Jens Lorenzen im Jahre 1972 können auf den Halligen noch rund 20% der Bewohner Friesisch sprechen, doch liegt die Betonung auf »können«, da der Anteil jener, meist älterer Halligbewohner, die tatsächlich noch im Tagesgebrauch oder Umgang mit dem Nachbarn Friesisch sprechen, wesentlich geringer sein dürfte.

Als Beispiel für das Halligfriesisch sei hier das »Vater unser« wiedergegeben, wie es vor 200 Jahren von Lorenz Lorenzen übersetzt wurde:

»Öhsen Baabe! die dö beest öhne Hemmel
Halligt waarde dann Nohme,
To ös kame dinn Kenning-Rick
Dann Walle schien öf dä Eerde, allick
ös ön dä Hemmel
Dühn ös delling ös daagliks Bruud,
En verjeef ös öse Schöll, allick ös wie verjeefe
öse Scheelners,
En feehr ös eech hannin öhn Verseeking
Men help ös vohnt Evel en Erg
Dirram dat dat Kenningrick dinn is, en dä Krafft
en dä Huchheit öhn Iwigkeit. Amen.«

Sitten und Gebräuche

Zwischen Geburt und Tod war das Halligleben in alter Zeit hinsichtlich von Festen und Feiern in Familie und Kirche eingeflochten in einen Kranz von Sitten und Gebräuchen. Andere Eigenarten der Lebenshaltung auf den Halligen beruhten auf der abgeschlossenen Lage.

Was bei der Geburt eines Kindes andernorts der Storch, das war auf den Halligen der Charaktervogel des Wattenmeeres, der Austernfischer. Es hieß aber auch, daß die Mutter ihr Kind aus der Tiefe des Meeres hole. Typische Hallignamen, die bis in die Gegenwart hinein gebräuchlich blieben, sind für Knaben: Bandik, Boy, Haye, Ipke, Ketel, Meinert, Tade, Volkert u. a. Mädchen hießen bzw. heißen Antje, Eicke, Engeline, Stienke u. a., doch kommen seit Mitte des 19. Jahrhunderts auch zahlreiche, oft modisch bedingte »hochdeutsche« Namen vor.

Nach einer eigenartigen, jahrhundertealten Regel fanden sich Jüngling und Mädchen auf der Hallig zu einem Paar. Hatte ein Jüngling sein Auge auf ein Mädchen geworfen, so besuchte er es im Elternhaus, wo beide draußen im Flur »artige Gespräche« führten. Durfte der Freier mehr als sechs Mal wiederkommen, bedeutete dies das Ja-Wort. Stammte der Freier von einer anderen Hallig, so wurde das Boot, mit dem er gekommen, anläßlich der abendlichen Verlobungsfeier aus dem Priel herausgeholt und über Land bis zur Warft und Tür des Brauthauses befördert. Hier wurde das Boot mit Wimpeln und Flaggen geschmückt und erst zum Ufer zurückgebracht, wenn der Bräutigam eine Tonne Bier gespendet hatte. War das Boot selbst zu schwer, so wurde nur das Steuerruder zur Warft gebracht. Ein Freier, der aber allzuoft ein Mädchen besuchte, ohne sich zu »erklären«, wurde auf eine Mistkarre geladen und mit Hallo und Schimpf von der Warft verjagt.

Hochzeiten fanden, da die Jünglinge und Männer sich während des Sommers auf See befanden, hauptsächlich im Winter statt. Zwei Hochzeitsbitter luden einige Tage vorher die Gäste zum Fest, wobei sie allerlei Possen trieben. Am Hochzeitsmorgen wurde das Narrenspiel fortgesetzt. Erschien der Bräutigam mit seinem Gefolge vor dem Brauthaus, so wurde als Braut ein alter, in Frauenkleidern und Lumpen gehüllter Mann präsentiert. Erst nach allerlei albernem Wortwechsel wurde die richtige Braut vorgeführt und nach einer einstudierten Rede vom Vater oder anderen nahen Verwandten dem Bräutigam übergeben. Der Weg zur Trauung in der Kirche wurde dann von mehreren Pistolen- und Flintenschüssen begleitet. Das Hochzeitsmahl bestand aus Rosinen, Erbsen, Schinken und gesalzenem Fleisch, eine auf Schaffleisch gekochte Suppe und aus Reisbrei, – ein typisches Halliggericht, das auch bei Taufen und Trauerfeiern serviert wurde. Mit einem Tanzvergnügen, das von besonderen Zeremonien begleitet, im Hause der Braut die Nacht hindurch veranstaltet wurde und im Morgengrauen auf dem Felde vor der Warft seine Fortsetzung fand, endete das Hochzeitsfest. Der Bräutigam warf zum Abschluß sein Trinkglas hoch hinauf in die Luft, und falls dies beim Herunterfallen zerbrach, wurde daraus ein gutes Omen gedeutet.

Der Aberglaube bzw. das »Vorsehen« spielten noch weit bis in das vorige Jahrhundert hinein eine beachtliche Rolle, besonders in Zusammenhang mit Todesfällen. Wenn jemand sterben sollte bzw. gestorben war, hatte irgend jemand vorher schon ein »Totenlicht« oder einen »Leichenzug« »gesehen«. Seefahrer, die fern der Heimat ihren

Tod fanden, zeigten sich in der Todesstunde als »Gonger«, die in der Nacht bei nahen Angehörigen an das Bett traten, sich stumm zeigten und verschwanden, wobei eine Wasserlache auf der Diele zurückblieb.

Verstorbene wurden nach der Parentation im Hause in einem Sarg, der auf derben Seilen zwischen Tragstangen ruhte, zum Friedhof befördert. Wegen der holprigen, im Winter oft aufgeweichten und fast unpassierbaren Wege, wurde der Sarg häufig in einem Boot über die Priele zur Kirchwarft gebracht. Passierte man zu Wasser oder Lande eine bewohnte Warft, wurde ein Vers gesungen. Noch im 18. Jahrhundert war es Sitte, Totenklage zu halten, wobei »das Trauern oft über Gebühr geschah, da sich die Frauen weinend und klagend auf den Sarg ihres Mannes warfen, ehe dieser in die Gruft gesenkt wurde.«

In der Kirche waren Witwen daran zu erkennen, daß sie zeitlebens während des Gesanges ihr Haupt senkten und weder mitsangen noch aufstanden, wenn das Evangelium gesprochen wurde.

Auf die Särge von Kindern wurden kleine »Totenkronen«, aus bunten Bändern geflochten, gesetzt. Zeitweilig wurden für Verstorbene Totenkissen mit Blumenmotiven, Namen und Lebensdaten gestickt.

Biiken und Rummelpott

Die eigenartigen Zeremonien auf familiären Feierlichkeiten zu fröhlichen und traurigen Anlässen sind bereits im Laufe des vorigen Jahrhunderts den allgemeinen Regeln »angepaßt« worden und damit aus dem Halligleben verschwunden.

Heute werden nur noch das Biikenbrennen und das Rummelpottlaufen am Altjahrsabend als Sitte und Brauch gepflegt, beides bezieht sich auf die Halligjugend. Das Biiken stammt noch aus heidnischer Zeit und wurde ursprünglich als Frühlingsfeuer oder als Opferfeuer für Wotan gedeutet. Vergeblich versuchten die Priester, nach der Christianisierung im 11. Jahrhundert diesen Brauch abzuschaffen. Schließlich verbanden sie das Biiken am Abend des 21. Februars mit einem christlichen Datum, Petri Stuhlfeier am 22. Februar. Der Zweck wurde jedoch nicht erreicht. Nur eine mit Stroh und Lumpen ausgestattete Stoffigur, der »Piarder« deutet eher in negativer Art auf den Zusammenhang hin. Die Stoffpuppe wird nämlich, als Symbol winterlichen Übels, auf langen Stocken steckend, verbrannt.

Vom 17. – 19. Jahrhundert war das Biiken eine Art Abschiedsfeuer und -fest für die Seefahrer, die in der Regel wenige Tage darauf Inseln und Halligen verließen, um auf Walfang oder Handelsseefahrt zu gehen. Oft wurde mit dem Biiken eine Art Thing verbunden, auf dem Verordnungen verkündet und Streitfragen geklärt wurden.

Das heutige Biiken hat ebenfalls den Charakter eines Abschiedsfeuers, nämlich als Abschied des Winters. Die größere Schuljugend sammelt Wochen vorher Brennmaterial, das an einer günstigen Stelle am Halligufer zu einem Haufen aufgestapelt wird. Am Abend des 21. Februars leuchten dann von Hallig zu Hallig die Feuer. Das Fackeln und gegenseitige Anschwärzen gehört danach zum Hauptvergnügen der Jugend am Biikefeuer, dessen Pflege nicht zuletzt auf der Freizügigkeit des losen Treibens beruht.

Das Rummelpottlaufen am letzten Abend vor Neujahr wird vor allem von den jüngeren Kindern betrieben. Nötig hierzu ist der Rummelpott, eine mit einer Schweinsblase, neuerdings mit Plastikfolie überspannte Dose, die als Trommel dient. Trommelnd und singend ziehen die Kinder von Tür zu Tür und lassen sich Körbe und Beutel mit Näschereien füllen. Nach dem Abendbrot beteiligt sich auch die ältere Jugend, Spektakel und Streiche machend, am Umzug und läßt sich gerne zu einem Teepunsch in die Häuser bitten.

Am Biikefeuer

Halligkirchen

Ein flüchtiger Halligbesucher oder ein landesunkundiger Passagier, der mit einem Schiff durch das Halligmeer fährt, wird kaum entdekken, daß es auf den Halligen Kirchen gibt. Äußerlich entbehren sie fast alle baulichen Merkmale, die Kirchen eigen sind. Es fehlen die hohen Mauern, das hohe, krönende Dach und vor allem der Turm. Bedingt durch ihre niedrige Bauweise mit Reetdächern heben sich die Halligkirchen kaum von den anderen Häusern ab. Erst der Nähertretende entdeckt die kleinen Glockengerüste und die räumlich beschränkten Friedhöfe um die Kirchenmauern.

Ganz im Gegensatz zum bescheidenen Äußeren steht jedoch die oft kunstvolle Ausstattung im Inneren. Bemerkenswert ist dabei, daß ein Teil dieser Ausstattung von Kirchen stammt, die bei großen Sturmfluten vernichtet wurden. Vor allem wurde manches aus den Kirchen der Insel Alt-Nordstrand nach deren Zerstörung im Jahre 1634 gerettet und in andere Kirchen übergeführt. Anderes, so das Kruzifix in der Hooger Kirche und ein Gemälde in der Kirche von Langeneß trieben als Strandgut von unbekannter Herkunft an.

Reste von versunkenen Kirchen sind noch bis in die jüngste Zeit im Watt gefunden, und bei günstiger Ebbe treten auch heute noch vereinzelte Spuren zutage, so das Findlingsfundament der Kirche zu Morsum nördlich von Nordstrand. Nach einer Liste des Schleswigschen Bischofs Nicolaus Brun gingen allein in der Sturmflut von 1362 an die 30 Kirchen im Bereich des heutigen Halligmeeres verloren. Kirchenverzeichnisse, Chronisten, darunter vor allem Anton Heimreich, und Kartographen berichten über zahlreiche, ehemalige Kirchen auf den Marschinseln und Halligen. Sie waren in der Anfangszeit der Christianisierung aber überwiegend aus Holz gebaut.

Hooge

Von den vier erhalten gebliebenen Halligkirchen ist die Hooger Kirche die älteste. Sie wurde im Jahre 1637 erbaut und zwar mit dem Material der 1634 auf Alt-Nordstrand zerstörten Kirchen zu Osterwohld, Westerwohld und Ilgrof. Von dort stammt auch die Ausstattung der Hooger Kirche. Vorher hatte die Kirchengemeinde Hooge zur »Alten Kirche« Pellworm gehört, doch fuhr schon seit etwa 1600 ein Pastor regelmäßig nach Hooge, um in einem Privathaus Gottesdienste zu halten. Die Sturmflut von 1634 und das nun noch breiter gewordene Wasser zwischen Hooge und Pellworm führten dann zu einem eigenen Kirchenbau.

Die Hooger Kirche ist die einzige mit Dreiachtelschluß, während die Kirchen von Langeneß, Oland und Gröde in rechteckiger Saalform gebaut wurden, wie es bei kleinen Kirchen nach der Reformation, als Predigt und Kanzel im Mittelpunkt der Liturgie standen, üblich war. Die reliefverzierte Kanzel ist eine Arbeit aus der Flensburger Werkstatt Ringeling. Ebenso gediegen ist die hölzerne Taufe, die von den vier Evangelisten getragen wird und nach der Inschrift 1624 gestiftet wurde. Aus jener Zeit datiert auch das Gemeindegestühl mit seinen geschnitzten Türen und Wangen. Eine Tür mit einem Wal, geschnitzt von einem Walfänger auf Grönlandfahrt Anno 1743, heute den Aufgang zur Kanzel zierend, gehörte früher zum Gestühl, wahrscheinlich zum Platz des Grönland-Commandeures Lödde Ragtsen. Wie in anderen Halligkirchen, so hängt auch an der Decke der Hooger Kirche das Modell eines Kriegsschiffes als Fürbittsymbol. Eine Tafel erinnert an den Besuch des dänischen Königs Frederik VI. aus Anlaß der verheerenden Sturmflut von 1825.

Langeneß

Als die heutige Hallig Langeneß noch aus den Halligen Nordmarsch, Butwehl und Langeneß bestand, waren die Bewohner der bis dicht an Föhr grenzenden Hallig Nordmarsch in kirchlicher Hinsicht mit St. Nicolai und St. Johannes auf Föhr verbunden, auf deren Friedhöfe noch heute Grabsteine der Halligbewohner zu finden sind. Die Verbreiterung des Tiefs zwischen Föhr und Nordmarsch erzwang auch hier einen eigenen Kirchenbau, der 1599 vollendet wurde. Diese Kirche stand bis zum Jahre 1732, »da man denn endlich die alte Kirche abgebrochen . . . und mitten auf der Insel ein Stück Land von der Gemeinde gekauft, wo die neue Kirche in drei Sommern zustande gekommen«. Die Ursache der Kirchenversetzung war der Abbruch des Landes und ». . . da das Ufer so nahe an den Kirchhof gekommen.« (L. Lorenzen)

Die Bewohner der früheren Einzelhallig Langeneß waren auf Oland eingepfarrt, ehe es im Jahre 1725 zu einem eigenen Kirchenbau für

Die »Waltür« zur Kanzel der Hooger Kirche

Innenraum der Hooger Kirche

Kirche und Pastorat auf Hallig Hooge

Die Kirche der Hallig Langeneß

Langeneß-Butwehl kam. Im Jahre 1808 wurden auch die Bewohner von Nordmarsch dieser Kirche angeschlossen, die zwar 1894 wegen Baufälligkeit abgebrochen, jedoch auf den Grundmauern unter Erweiterung der Westhalle neu aufgeführt wurde. Die Ausstattung der heutigen Kirche von Langeneß stammt zum Teil aus der aufgegebenen Kirche von Nordmarsch. Der gemalte Flügelaltar ist eine Stiftung von Anno 1670, die Kanzel datiert von 1696, neu bemalt im Jahre 1729. Auch das Gestühl, aus dem Jahre 1686 stammend, ist älter als die Kirche, ebenso zwei Taufsteine, von denen der eine, aus Muschelkalk bestehend, aus dem 13. Jahrhundert, der andere, aus Rotsandstein, aus dem Ende des 16. Jahrhunderts stammt. Besonders lebhaft ist die Kirchendecke, um 1730 mit biblischen Szenen bemalt. Im Jahre 1976 erfolgte eine gründliche Renovierung der Kirche. Die Ostwand mit dem Altar wurde ganz neu gestaltet, der dahinter liegende ehemalige Schulraum für Gemeindezwecke umgebaut.

Oland

Die heutige Kirche von Oland wurde im Jahre 1824, ein Jahr vor der großen Sturmflut errichtet. Doch wurde schon um Anno 1430 eine Olander Kirche verzeichnet. Sie lag auf einer Warft halbwegs hinüber nach Langeneß, ehe sie zerstört wurde. Die nächste Kirche lag zusammen mit Schule und Pastorat auf einer Warft weiter östlich. Aber das Meer drang auch bis hierher vor, so daß Warft und Kirche gegen Ende des 18. Jahrhunderts dem Untergang geweiht waren. Die Kirchenbehörde wollte die Kirche ganz aufgeben und die Gemeinde Oland mit Gröde vereinigen. Doch die Olander ließen sich auf diesen Plan nicht ein und bekamen schließlich eine neue, die heutige Kirche.

Zur Ausstattung gehört eine kunstvolle Kanzel von 1620 aus der Flensburger Werkstatt Hinrich Ringeling. Unbekannter Herkunft sind hingegen die 14 spätgotischen Statuetten aus Eichenholz in einem Schrein über dem neu aufgemauerten Altar. Die Taufe ist romanisch und datiert aus dem 13. Jahrhundert. Das Gemeindegestühl aus dem Anfang des 17. Jahrhunderts zeigt abgerundete Giebel mit geschnitzten Muschelornamenten. Gemälde und Epitaphe als Stiftungen aus dem 17. und 18. Jahrhundert sowie ein Schiffsmodell von 1733 vervollständigen das Innere der Olander Kirche, das im Jahre 1963 grundlegend umgestaltet wurde.

Von allen Halligkirchen ist die Gröder Kirche noch am wenigsten als solche zu erkennen. Der Kirchenraum befindet sich unter einem abgewalmten Reetdach eines langgestreckten Gebäudes, dessen westliche Hälfte als Kirche, dessen östliche Hälfte als Schule und Wohnraum dient. Eine Weihetafel aus dem Jahre 1700 berichtet, daß Anno 1636 der fünfte Kirchenbau errichtet wurde. In einer großen Sturmflut des Jahres 1362 wurde die erste Gröder Kirche zerstört. Die zweite stand bis 1615, die dritte nur bis 1625. Der vierte Kirchenbau wurde durch die große Flut von 1634 vernichtet und die fünfte, die nach dem erwähnten Epitaph »St. Margarethen zu Ehren ist 1636 allhier versetzt«, wurde in der Weihnachtsflut 1717 durch eine umgestürzte Mühle stark beschädigt und schließlich in der Neujahrsflut von 1720 endgültig zerstört. Der Neubau von 1721 erlitt durch eine Sturmflut im Jahre 1751 große Schäden, die zunächst noch repariert werden konnten. Aber wieder rückte das abbröckelnde Halligufer heran, so daß auch dieser Bau abgebrochen und als siebenter Kirchenbau der Hallig Gröde weiter landeinwärts neu errichtet werden mußte. Die kleine Gemeinde mußte dafür jedesmal große, finanzielle Opfer aufbringen, und es ist schon erstaunlich, mit welcher Beharrlichkeit die Bewohner der Hallig immer wieder neue Kirchen erstellten, wenn Sturmfluten das vorherige Gotteshaus zerstört hatten.

Das Innere der Gröder Kirche wird bestimmt von einer Farbe: gedämpftes und dunkles Grün. Grün sind die schlichte Kanzel vom Ende des 16. Jahrhunderts, die hölzerne Taufe aus der Mitte des 16. Jahrhunderts, der Renaissancealtar von 1592 und das Gestühl aus dem 17. Jahrhundert, alles mit roten Leisten abgesetzt. Dunkelgrün ist auch die Bemalung der Decke. Ein Kruzifix aus der Zeit um 1500, zwei Figuren einer Marienkrönung aus einem Altar des 15. Jahrhunderts, Gemälde, Erinnerungstafel und ein Epitaph aus dem 17. und 18. Jahrhundert vervollständigen das Inventar und vermitteln einen Einblick in die Volkskunst jener Zeit.

Wie Oland, so hat auch Gröde keinen eigenen Pastor mehr. Beide Halligen werden von Langeneß aus kirchlich betreut. Ein ähnliches Gebäude, das Kirche und Schule unter einem Dach vereinte, stand früher auch auf der Hallig Nordstrandisch-Moor. Es wurde durch eine Sturmflut des Jahres 1825 zerstört und nicht wieder aufgebaut. Kirch-

Die Kirche von Oland

Inneres der Olander Kirche

Kirche (links) und Schule unter einem Dach auf Hallig Gröde

Das Innere der Gröder Kirche

lich wird diese Hallig heute von Nordstrand (Odenbüll) aus versorgt. Zu Gottesdiensten und familiären Anlässen kommt ein Pastor von dort mit einem Motorboot herüber. Der Schulraum übernimmt dann die Funktion der Kirche.

Halligfriedhöfe

Die alten Friedhöfe sind ebenso wie die alten Kirchen durch die Fluten zerstört. Reste davon wurden noch bis in die Gegenwart hinein entdeckt, so 1968 im Watt der Hallig Hooge. Um 1750 besuchte Pastor L. Lorenzen den ehemaligen Friedhof von Nordmarsch und fand am Westufer »auf fünfzig Schritte das Feld mitTotenköpfen gleichsam übersät«. Und als im Sommer 1844 der dänische König mit einem Teil seines Hofstaates, darunter auch der Märchendichter H. C. Andersen, von Wyk aus die Hallig Oland besuchte, sah die hochherrschaftliche Gesellschaft mit Schaudern im Watt westlich der Hallig die morschen, herausgespülten Särge und das verstreute Totengebein.

Ein Friedhof aus dem 14. Jahrhundert wurde 1914 an der Abbruchkante von Habel freigelegt. Die einzige Familie, die noch auf dieser Hallig wohnte, sah, daß die Bestattung offenbar ohne Särge erfolgt war und drei Leichname jeweils übereinander lagen.

Einzigartig ist der Friedhof auf Nordstrandisch-Moor. Um die Grabstätten bei Überflutungen gegen Zerstörungen zu schützen, sind die Grabplatten flach in den Rasen eingelegt. Dagegen bieten die Friedhöfe der übrigen Halligen heute ein allgemein übliches Bild mit aufrecht stehenden Grabsteinen. Auf dem Olander Friedhof hat der »Halligdichter« Wilhelm Lobsien seine letzte Ruhe gefunden.

Alte Grabsteine aus der Seefahrerzeit, wie sie auf den Friedhöfen von Föhr und Amrum stehen, wird man hingegen auf den Halligfriedhöfen vergeblich suchen. Sofern früher vorhanden, werden auch sie ein Raub der Fluten geworden sein. Doch sind auf Föhr noch Grabsteine von Hallig-Kapitänen zu finden. Interessant ist auch ein Grabstein an der Ostmauer der Hooger Kirche, eben vor 1700 vermutlich den letzten Bewohnern der Hayens-Hallig gesetzt.

Der eigenartige Friedhof auf Nordstrandisch-Moor mit seinen flachliegenden Grabsteinen. Auf der Hallig stirbt, bedingt durch die geringe Bevölkerungszahl, nur selten ein Mensch

Die kleine »Friedhofs-Insel« auf Hallig Nordstrandisch-Moor

Das neue Halligleben

Jahrhundert um Jahrhundert vollzog sich das Alltagsleben auf den Halligen in einem nahezu unveränderlichen Rahmen, begründet auf naturgegebene Zwänge und die Abgeschlossenheit von der übrigen Welt, die schon längst den Schritt in das technische Zeitalter getan hatte. Auf den Halligen blieb die Zeit stehen, gerade darauf beruhte ja die Eigentümlichkeit und der Reiz dieser Inselwelt.

Noch bis um 1955 lebten die Halligbewohner nach alter Hantierung und nach Regeln, wie sie im Kapitel über das alte Halligleben beschrieben sind. Dann aber begann die Technik eine Brücke auch zu den Halligen zu schlagen und veränderte binnen weniger Jahre die Lebensumstände. Grundlage dafür war das von der schleswig-holsteinischen Landesregierung im Jahre 1953 aufgestellte »Programm Nord«, das wirtschaftlich und struckturell unterentwickelte Gebiete im Landesteil Schleswig, vor allem an der Westküste und auf den Inseln fördern sollte. Im Rahmen dieses Programms wurde ab 1961 eine »Sonderaktion zum Schutze der Halligen« durchgeführt, die 1969 planmäßig zum Abschluß gebracht werden konnte.

Der Schritt in die Gegenwart erfolgte für die Halligen Oland und Langeneß im Jahre 1954, als beide Halligen ein Stromkabel vom Festland erhielten. Hallig Hooge erhielt 1959 über Pellworm elektrischen Strom durch ein 20 kV-Kabel der Schleswag. Mit einem Schlage erhielt das Halligleben in Haus und Wirtschaft neue Akzente. Elektrogeräte erleichterten die Arbeit in Haushalt und Viehstall, und über Radio und Fernsehen erhielten die Halligbewohner einen direkten Kontakt zu den Ereignissen der Außenwelt. Petroleumlampe und Windaggregate als bisherige Beleuchtungsquellen verschwanden. Auch das Dittenmachen für Feuerungs- und Beheizungszwecke wurde binnen weniger Jahre zugunsten elektrischer Energie bzw. Ölbeheizung eingestellt.

Elektrische Geräte fanden auch bald Verwendung in der Landwirtschaft. Melkmaschinen förderten die Rationalisierung der Viehhaltung, und Zentrifugen und Tiefgefriertruhen ermöglichten den »Export« von Sahneblöcken zwecks Butterherstellung zum Festlande.

Auf den größeren Halligen Oland, Langeneß und Hooge wurde bald darauf auch ein anderes, uraltes Hallig-Problem gelöst: die Wasserversorgung! Oland und Langeneß erhielten 1963 vom Festlande her über den Damm eine Süßwasserleitung. Der Anschluß von Hooge erfolgte im Jahre 1968, zunächst mit einer Zapfstelle auf Ockenswarft, 1970 mit den einzelnen Hausanschlüssen. Die 3,5 km lange Leitung zwischen Hooge und Pellworm wurde durch einen Schwimmkran der Fa. U. Harms in den Schlick eingespült. Am schwierigsten war dabei die Leitungsführung durch das tiefe Rummelloch. Von Pellworm aus verläuft die Leitung über die Hamburger-Hallig zum Festlande, und zwar bis nahe Flensburg. Von dort, vom Wasserwerk Frörup-Westerfeld wird das Wasser geliefert!

Die Halligen Nordstrandisch-Moor und Gröde erhielten 1975 bzw. 1976 Wasser und Strom vom Festlande. Nur auf den mit je einem Haus bebauten Halligen Süderoog und Südfall blieb das alte System der Wasserversorgung durch Regensammlung in Hausbrunnen und im Fething sowie die Stromerzeugung über Dieselaggregate noch in Kraft.

Nachdem im Jahre 1958 auch auf Langeneß die »Allmende« aufgehoben und die oft unpassierbaren Feldwege zwischen den Warften betoniert wurden, ließen sich landwirtschaftliche Maschinen und Transportmittel für Weidearbeiten, Viehversorgung und Heuernte im größerem Umfang einsetzen. Auf Hooge wurden die Wege 1960 asphaltiert. Doch nicht nur Traktoren, auch Autos begannen die schmalen Halligstraßen zu beleben.

Wichtig für das Wirtschaftsleben der beiden größten Halligen Hooge und Langeneß war aber auch, daß in diese Zeit die Gründung der ASAG fiel (siehe S. 105) und beide Halligen das ganze Jahr hindurch eine tägliche Verbindung zum Festland erhielten.

Am auffälligsten dokumentieren sich die Maßnahmen der Hilfs-, Schutz- und Sanierungsprogramme jedoch am Siedlungsbild der Halligwarften. Das von Postkarten und Gemälden oder in der Erinnerung vertraute Bild der hingeduckten, aneinandergedrängten Reetdachhäuser ist bis auf Reste verschwunden.

Unproportionale Gebäude zeigen hier und da eine, auch von der Verwendung der Baustoffe her, fast brutale Überbetonung der Zweckmäßigkeit, während, von wenigen Ausnahmen abgesehen, ein Stilgefühl nicht erkennbar ist. Wohl selten hat sich das Unvermögen unserer Zeit, im baulichen Bereich Zweckmäßigkeit und Rentabilität mit traditioneller, landschaftsgerechter und stilvoller Bauweise zu vereinen, so konzentriert wie in der Architektur der neuen Halllighäu-

Die Schulwarft auf Hooge, wie sie war

... und nach der Sanierung mit »moderner« Architektur

Feste Brücken führen über die Priele im Halligland

Die Giebel der neuen Hallighäuser ruhen sturmflutsicher auf stabilen Betonpfeilern

ser. Möglicherweise hat hier die Sturmflut von 1962, die in das eben angelaufene Sanierungs-Programm hineintraf, einen Zeitdruck bewirkt, der Überlegungen für eine geschmackvollere Gestaltung in den Hintergrund drängte. Nur auf Gröde und in Einzelfällen auf Langeneß wurden auf ausdrücklichen Wunsch der Hauseigentümer annehmbare Lösungen der Bauweise gefunden.

Hingegen konnten die Ziele der Sanierung hinsichtlich der Raumnutzung, des Komforts und des Sturmflutschutzes zum Wohle der Halligbevölkerung erreicht werden. Von der, zwischen 1961 bis 1968 jedem Hauseigentümer gebotenen Möglichkeit, Wohnhaus nebst Stallgebäude mit großzügiger, finanzieller Hilfe des Staates neu zu bauen, wurde in über 80 Fällen Gebrauch gemacht. Die Finanzierung erfolgte aus Mitteln des Grünen Planes, des Sozialen Wohnungsbaues, der Wasserwirtschafts-Verwaltung, des Kreises Husum und des Programms Nord. An den Gesamtkosten des Sanierungs-Programmes von etwa 22 Millionen DM war die Gebäudesanierung mit etwa 12 Millionen DM beteiligt. Hiervon wurden 55% durch die genannten öffentlichen Träger, 45% durch Eigenleistung und Eigenfinanzierung der Hauseigentümer aufgebracht. Allein die Schutzräume kosteten fast 2 Millionen DM.

Bei den Schutzräumen handelt es sich um einen Raum im Dachgeschoß, meist im Giebel, dessen Decken und Wände aus Stahlbeton bestehen. Dieser, mit den übrigen Gebäudeteilen nicht unmittelbar verbundene Raum, ruht auf vier Stahlbetonpfeilern, die tief in den Warftboden eingelassen sind. Sollte eine Sturmflut die Mauern des Halligghauses einschlagen, so würde dieser Raum mit den dort hinaufgeflüchteten Hausbewohnern über dem Wasser stehen bleiben. Hier ist also die alte Ständerbauweise wieder neu verwirklicht worden.

Ein zusätzlicher Schutz der Halligghäuser wurde durch eine Fundamenterhöhung der Neubauten sowie eine Erhöhung fast aller Warften um bis zu 1,5 m und einer Abflachung der Böschungsprofile gewährleistet. Die Kellerräume wurden mit Wasserbassins versehen, die statt der bisherigen Soote in fast reiner Form das Regenwasser sammelten, ehe eine Wasserleitung zu den größeren Halligen gelegt wurde.

Eine gewisse Grenze wurde jedoch der Erweiterung bzw. Konzentration der landwirtschaftlichen Betriebe durch die räumliche Beschränkung des bebaubaren Bodens, nämlich der Warften gesetzt.

Die Hallig-Sanierung hat jedoch eine andere, von vornherein beabsichtigte Entwicklung eingeleitet, die heute in wirtschaftlicher Hinsicht ein bedeutender Faktor für die Halligbewohner ist: den Fremdenverkehr. Von Einzelfällen abgesehen waren Kurgäste bisher nur als Ausflugsbesucher von Föhr, Amrum und dem Festlande bekannt, die, von Motor- und Segelkuttern an Land gesetzt, über die Hallig ausschwärmten, die Sehenswürdigkeiten besahen und zuletzt in einem Wirtshaus auf die Abfahrt ihres Schiffes warteten.

Das hat sich seit Mitte der 1960ger Jahre entscheidend geändert. Fast alle Halligen, auch die kleineren, vermieten neueingerichtete Zimmer an Kurgäste. Die Hallig Hooge hat 1975 etwa 300 Fremdenbetten und verzeichnet jährlich rund 25 000 Übernachtungen. Hinzu kommen noch etwa 12 000 Übernachtungen in drei Jugendheimen. Auf Langeneß stehen etwa 200 Fremdenbetten und 30 Plätze in einem Jugendheim zur Verfügung. Oland meldet knapp 70, Gröde 20 und Nordstrandisch-Moor 12 Fremdenbetten.

Auf Hooge wurden die Grundlagen des Fremdenverkehrs, Werbung und Organisation, durch Uwe Dulz gelegt. Heute ist hier die Gemeindeverwaltung Mittler zwischen Kurgästen und Hallig.

Auf Langeneß gab der Kapitän August Jacobs die Anregung zur Gründung des dortigen Fremdenverkehrs-Vereines. Eine Werbegemeinschaft der Halligen und Marschinseln Pellworm und Nordstrand, der »Zweckverband Uthlande«, bemüht sich überregional um die Förderung des Fremdenverkehrs in dieser Landschaft.

So bezieht sich das gegenwärtige und zukünftige Wirtschaftsgefüge auf den Halligen auf eine Kombination zwischen der Landwirtschaft und dem Fremdenverkehr. Durch den Antrag, eine »Umwidmung« leerstehender Viehställe zwecks Ausbau für den Fremdenverkehr zu erreichen, hat die Gemeindevertretung von Hooge bereits im Jahre 1970 einen bezeichnenden Hinweis auf den Schwerpunkt der weiteren Entwicklung gegeben. Und diese Entwicklung, die Hinwendung zum Fremdenverkehr, verbunden mit der Reduzierung der Landwirtschaft, hat sich in den 1970er Jahren fast dramatisch verstärkt. Langeneß meldete zwischen 1971–1981 einen Rückgang der landwirtschaftlichen Betriebe von rund 50 %, Hooge sogar von etwa 70 % ! Nur durch staatliche Förderungsmaßnahmen, auch privater Viehhaltung sowie mittels »Pensionsvieh«, vor allem von Pellworm, ließ sich der für die Gräsung der Halligwiesen notwendige Viehbestand in etwa halten.

Der Fremdenverkehr indessen meldet entsprechende Steigerungsraten. Hooge hatte 1980 schon 55 000, Langeneß 18 000 und Oland 4 500 Übernachtungen.

Von Hallig zu Hallig

Hooge

Die Hallig Hooge unterscheidet sich von den anderen Halligen durch einen Sommerdeich. Sie ist genau genommen eine »Hallig-Insel«. Der Sommerdeich reduziert die Zahl der Landunter, die nur noch bei größeren Sturmfluten, jährlich etwa 2 – 3 Mal zu verzeichnen sind.

Nach Petreus heißt Hooge soviel wie »hohe Hallig«. Bis um Anno 1362 hatte Hooge lt. der Liste des Bischofs Nicolaus Bruhn eine eigene Kirche. Darauf deutet auch der Fund eines Friedhofes im Watt bei Hooge vor einigen Jahren hin. Später gehörte Hooge zur »Alten Kirche« auf Pellworm, »wohin man bei Ebbe zu Fuß gelangen konnte«. Doch im Laufe des 17. Jahrhunderts wurde diese Verbindung durch die Verbreiterung und Vertiefung des Wattenmeeres getrennt.

Um 1600 hatte Hooge noch 22 Warften. Heute sind es nur noch 10, auf denen rund 130 Einwohner leben. Die größte aller Halligwarften ist die Hanswarft, die mit ihren 15 Häusern und reichlich 50 Bewohnern schon fast Dorfcharakter hat. Hier auf der Hanswarft befindet sich auch das Haus mit dem »Königs-Pesel« als eines der kostbarsten Zeugnisse der jahrhundertelangen Seefahrerzeit. Fliesenwände und Schiffstableaus befinden sich auch in anderen alten Häusern und deuten auf die intensive Beteiligung gerade der männlichen Bevölkerung von Hooge am Walfang und an der Handelsfahrt zwischen 1630 und 1800 hin.

Neben dem »Königs-Pesel« ist die Kirchwarft das Ziel der Halligbesucher. Fast bescheiden duckt sich die Kirche, die 1636 aus den Resten zerstörter Alt-Nordstrander Kirchen hier aufgebaut wurde, unter dem viel größeren Pastorat, das 1907 errichtet ist.

Nahe der Kirchwarft liegt ein kleiner Hafen mit Ausflugs- und Frachtschiffen. Die Hooger Krabbenkutter gehen hingegen meistens bei Landsende, nahe der Ockenswarft vor Anker. Ein Anleger erinnert hier an die frühere Fährverbindung hinüber nach Pellworm. Im Sommer ist die Ockenswarft das Ziel zahlreicher Imker, die ihre Bienen zum Hochzeitsflug nach Hooge bringen. Die Entfernung der Hallig zum Festlande garantiert, daß keine fremdartige Biene die Reinzucht der sogen. Peschetz-Völker beeinträchtigt.

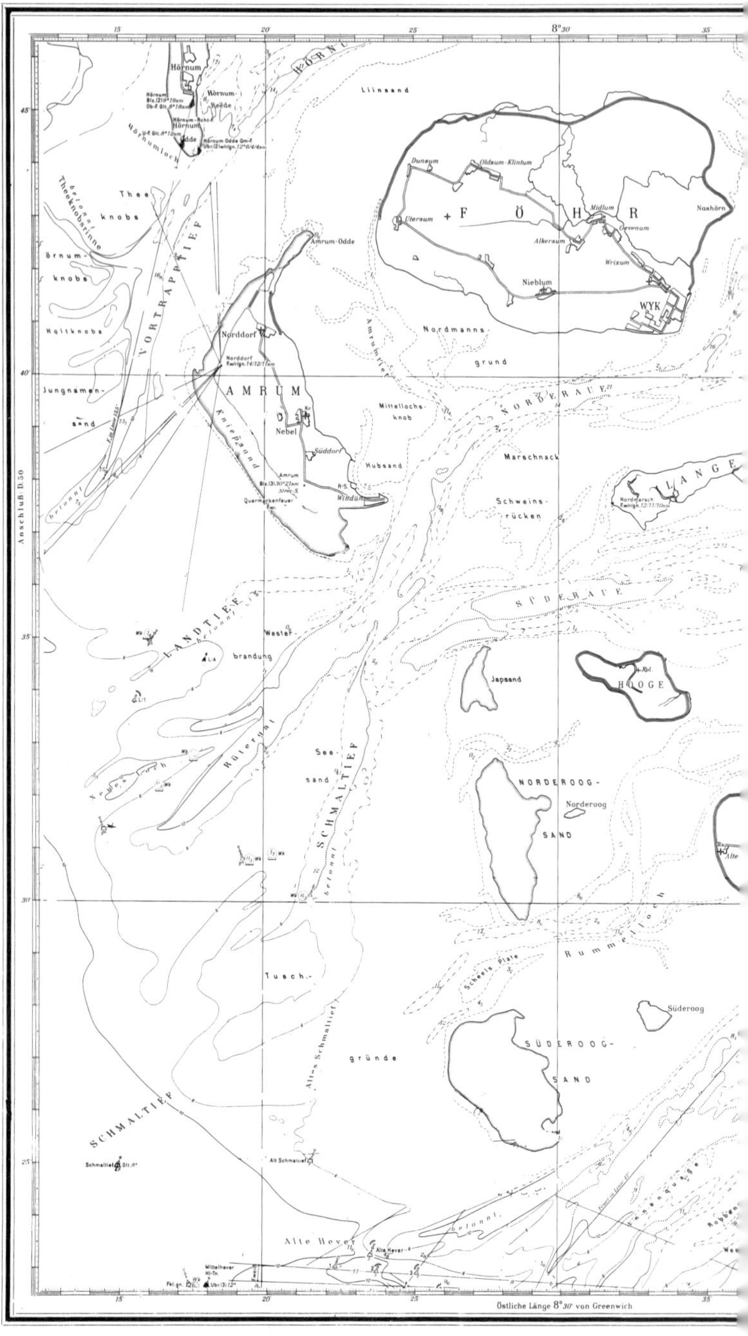

Hörnum
Hörnum-Reede
Hörnum Odde
Hörnumloch
Liinsand
Thee knobs
Theeknobsrinne
Hörnum-knobs
Haltknobs
VORTRAPPTIEF
Jungnamen-sand
Amrum-Odde
Norddorf
AMRUM
Nebel
Süddorf
Wittdün
Kniepsand
Amrumtief
Nordmanns-grund
FÖHR
Dunsum
Oldsum-Klintum
Utersum
Midlum
Oevenum
Alkersum
Wrixum
Nieblum
WYK
Nashörn
NORDERAUE
Mittellochs-knob
Hubsand
Marschnack
Schweins-rücken
LANGE
SÜDERAUE
LANDTIEF
Wester-brandung
Rütergat
See-sand
SCHMALTIEF
Japsand
HOOGE
NORDEROOG-SAND
Norderoog
Rummelloch
Scheels Plate
Süderoog
SÜDEROOG-SAND
Tusch-gründe
Altes Schmaltief
Alt Schmaltief
Alte Hever
Anschluß: D.50
Östliche Länge 8°30' von Greenwich

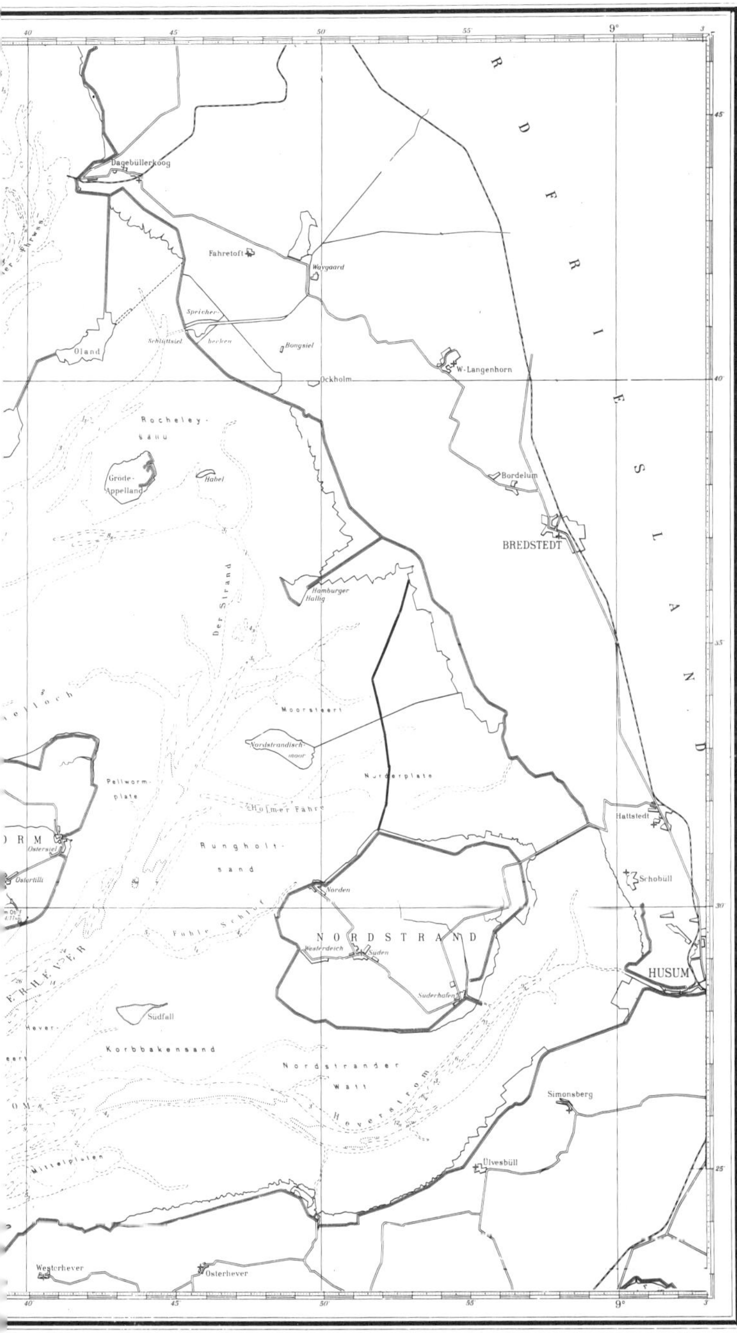

Seekartenausschnitt mit freundlicher Genehmigung des Deutschen Hydrographischen Institutes

Mit einer Länge von fast 10 Kilometern, bei einer Breite von einem bis anderthalb Kilometern ist Langeneß die weitaus größte aller Halligen. Auf der etwa 920 ha umfassenden Landfläche stehen 18 Warften, auf denen reichlich 120 Einwohner leben. Noch zu Anfang des vorigen Jahrhunderts bestand Langeneß aus den drei Halligen Nordmarsch im Nordwesten, Butwehl im Süden und Langeneß im Osten. Durch natürlichen Anwachs sowie durch Dämme und Lahnungen wuchsen diese drei zu einer einzigen Hallig zusammen, für die sich auf Grund der geografischen Gestalt der Name Langeneß behauptete.

Nordmarsch war früher die größte und bedeutendste dieser drei Halligen, hatte wegen seiner exponierten Lage allerdings auch die größten Landverluste zu verzeichnen. Nach Bruhn hat Nordmarsch um 1362 eine eigene Kirche gehabt. Nach deren Untergang gehörte Nordmarsch auf Grund der räumlichen Nähe lange Zeit kirchlich zu Föhr.

Von der Weiträumigkeit her vermittelt Langeneß am eindrucksvollsten die Einsamkeit der Halligwelt. Ganz im Westen leuchtet seit 1902 ein Quermarkenfeuer, das auf dem Rest der zerstörten Peterswarft erbaut wurde. Nicht weit davon entfernt liegt die Neu-Peterswarft, auf der das einzige Haus bei der Sturmflut 1962 zusammenbrach (siehe S. 23). Heute ist die Warft unbewohnt.

Unmittelbar am Ufer und nur durch rechtzeitigen Schutz vor dem Untergang bewahrt, liegen Rixwarft und Hilligenlei. Letztere, als Schauplatz eines Romanes von Gustav Frenssen bekanntgeworden, deutet mit ihrem Namen auf die erwähnte, mittelalterliche Kirche hin. An der Rixwarft befindet sich eine Brücke für die Amrum-Schlüttsiel-Linie der WDR. Eine zusätzliche Verbindung besteht über den Schienendamm im Osten von Langeneß nach Oland bzw. zum Festlande. Bereits 1869 wurde dieser Damm zu Uferschutzzwecken gebaut.

Besucher der Hallig werden von Hilligenlei aus mit dem originellen Halligexpreß durch Langeneß gefahren. Zum Besichtigungsprogramm gehören Kirche und Schule, die auf einer Warft Wand an Wand zusammengebaut sind. Die »Friesenstube« auf der Honkenswarft ist eine Parallele zum Königs-Pesel auf Hooge. Eine weitere Attraktion erhielt die Hallig 1987 durch die Einrichtung von Museumsräumen im »Kapitän-Tadsen-Haus« auf Ketelswarft.

Einsamkeit ist das Merkmal der Halligen zu jeder Jahreszeit

Weidende Kühe prägen das Bild der Hallig im Sommerhalbjahr

Luftbild von Hallig Hooge

Hallig Oland – Warft

Oland

Oland, von der geografischen Lage her die älteste, bereits im Erdbuch von Waldemar II. im Jahre 1231 genannte Hallig, hat nur noch eine Warft mit 15 Häusern in denen knapp 50 Einwohner leben. Noch um 1800 hatte Oland drei Warften, darunter eine Kirch- und Schulwarft und die »Piepe«, eine Warft, auf der 34 Häuser standen. Die jahrhunderte andauernden Landverluste wurden jedoch dank des Landanwachses im Schutze des Dammes im Osten von Oland wieder ausgeglichen. Die Hallig ist heute 117 ha groß. Bereits im Jahre 1860 wurde ein erster Damm zum Festlande gezogen, der jedoch wieder zerstört wurde. Ein ähnliches Schicksal erlitt der 1896 nach Fahretoft gebaute Damm. Erst der 1925 – 27 nach Dagebüll verlegte Damm hatte Bestand. Die darauf verlaufende Lorenschiene dient in erster Linie dem Materialtransport des Amtes für Land- und Wasserwirtschaft, doch wird auch stillschweigend geduldet, daß Bewohner von Oland mit eigenen, motorgetriebenen Loren die Schiene benutzen. Käpten Magda Matthiessen hatte mit ihrer Segellore (siehe S. 102) allerdings eine ausdrückliche Genehmigung.

Die einzige Warft zeigt mit ihren, um den noch vorhandenen Fething in der Warftmitte versammelten Häusern, darunter eine Schule und die Kirche von 1824, ein abgerundetes Bild. Der an sich harmonische Eindruck wird jedoch beeinträchtigt von den unterschiedlichsten Baustilen.

Gröde

Seit der Jahrhundertwende besteht Gröde aus der eigentlichen Hallig und der, durch Uferschutzmaßnahmen angeschlossenen Hallig Appelland. Die Gesamtfläche beträgt 278 ha, wovon jedoch nur 200 ha Nutzland sind, da zahlreiche Priele, u. a. auch zwischen den früher getrennten Halligen, das Land zerschneiden. Nur allmählich schlicken sie zu.

Gröde hat nur noch zwei Warften, auf der Knudtswarft 4 Häuser und auf der Kirchwarft ein Haus, ein langgestrecktes Gebäude, das Kirche und Schule unter einem Dach vereint. Die Schule auf Gröde ist die kleinste der Bundesrepublik, durchschnittlich wird sie nur von zwei Schülern besucht. Die Kirche im Westteil des Gebäudes stammt aus dem Jahre 1779. Es ist der siebente Kirchenbau auf Gröde seit 1362. Gröde hat für die wenigen Schüler wohl einen Lehrer bzw. eine Lehrerin, jedoch seit geraumer Zeit keinen Pastor mehr. Kirchlich wird diese Hallig von Langeneß aus betreut.

Auf dieser, trotz der Sanierungs-Maßnahmen noch am ursprünglichsten gebliebenen Hallig, wird noch teilweise die »Allmende« praktiziert. 1955 wurde eine Fläche von 40 ha Meedeland mit einem »Heudeich« vor sommerlichen Überflutungen geschützt. Eine weitere Fläche von 20 ha Meedeland ist schon seit langem durch einen Sommerdeich zum Schutze der Heuernte gesichert.

Habel

Nach der Liste der untergegangenen Kirchen von N. Bruhn lag um 1362 auch im Raum von Habel eine Kirche. Diese Angabe wird durch den Fund eines Friedhofes eben vor der heutigen Nordwestspitze dieser Hallig bestätigt, aber auch durch zahlreiche Kulturspuren, Salztorfabbau-Stätten, Entwässerungsgräben und Siedlungsreste im Watt um Habel. Sie beweisen, daß Habel über mittelalterlichem Kulturland neu aufgewachsen ist, und zwar um etwa 3 Meter.

Die erste Kartierung durch Harcksen im Jahre 1804 zeigt, daß Habel im Vergleich zur heutigen Größe, etwa 4 ha, von allen Halligen die größten Landverluste aufzuweisen hat, – seit 1804 mehr als 90% ! Petreus erwähnt um 1600 Habel mit »vier Häusern«, wobei wahrscheinlich vier Warften gemeint sind. Zu Anfang des 19. Jahrhunderts hatte Habel noch zwei Warften mit sieben Häusern. Gegen Ende des Jahrhunderts ging die schon längst als Wohnplatz geräumte Süderwarft ihrer endgültigen Zerstörung entgegen. Schließlich blieb nur noch die Norderwarft mit einem einzigen Haus. Im Jahre 1905 wurde die Hallig von ihren letzten Besitzern, M. Nommensen und W. Petersen für 6000 Mark an den Staat verkauft.

Seitdem ist Habel, vor allem als Weideland für Schafe, an verschiedene Interessenten verpachtet worden. Im Halligshaus haben abwechselnd Schriftsteller und Einsamkeitssucher, Schäfer und Arbeiter des Amtes für Land- und Wasserwirtschaft Unterkunft gefunden. Doch abgesehen von einigen Sommermonaten gilt Habel schon seit längerer Zeit als unbewohnt. Seit 1983 ist diese Hallig Vogelschutzgebiet, betreut vom Verein Jordsand.

Die kleinste Schule der Bundesrepublik auf der Hallig Gröde wird durchschnittlich nur von zwei Schülern besucht

Nur ein einziges, meist unbewohntes Haus, liegt auf der einsamen Hallig Habel

Wie auf der Hallig Hooge werden auch auf der Hamburger Hallig Reinzuchten von Bienenvölkern betrieben

An heißen Sommertagen lädt das Ufer am Steindamm der landfesten Hamburger Hallig zum Baden ein

Wie Nordstrandisch-Moor, so ist auch die Hamburger Hallig bedingt ein Rest von Alt-Nordstrand. Und zwar handelt es sich um das am damaligen östlichen Inselbogen liegende Vorland von Volgesbüll, das 1624 von den beiden Hamburger Kaufmannsbrüdern Rudolf und Arnold Amsinck gepachtet und mit einem Kostenaufwand von 300 000 Talern eingedeicht wurde. Die große Sturmflut des Jahres 1634 zerstörte aber auch diesen Koog und trennte ihn in zwei Teile, wovon nur ein Teil erhalten blieb. Hier hat der letzte der Brüder Amsinck, Arnold, bis zu seinem Tode im Jahre 1656 gelebt. Aus den früheren Bezeichnungen »Amsinck-Hallig« oder auch »Bolingland« blieb schließlich in Erinnerung an die Hamburger Brüder der heutige Name bestehen.

Das auf der einzigen Warft dieser Hallig stehende »Hamburger-Haus« wurde in der Zeit von 1634 bis 1825 nicht weniger als fünfmal von Sturmfluten zerstört, doch immer wieder aufgebaut. Noch bis 1760 war die Hallig im Besitz der Amsinck-Nachkommen.

Bereits im Jahre 1860 wurde in der Erkenntnis, daß sich an Dämmen ein schneller Landanwachs erzielen läßt, zwischen der Hamburger Hallig und dem Festlande ein Damm gebaut, der 1874 wesentlich verstärkt wurde. Umfangreiche Landgewinnung an beiden Seiten des Dammes machten die Hamburger Hallig schon bald nach der Jahrhundertwende landfest.

Seit dem Jahre 1878 ist diese Hallig im Staatsbesitz. Auf der einzigen Warft befindet sich nur eine Gastwirtschaft mit Nebengebäude. Die etwa 110 ha große Halligfläche wird als Weide für die Schaftzucht verpachtet. Bei Sturmfluten, die auch für die Hamburger Hallig »Landunter« bedeuten, werden die Schafe auf Fluchthügel getrieben. Wasserpumpen zeugen davon, daß das Grundwasser unter dem Halligland süß, für Mensch und Vieh trinkbar ist.

Hallig und Vorland sind seit 1930 Naturschutzgebiet. Damals war die Hamburger Hallig das letzte Brutgebiet des Säbelschnäblers im Nordfriesischen Wattenmeer. (siehe S. 113)

Über eine Plattenspur kann man mit dem Fahrrad, an trockenen Tagen auch mit dem Auto die Warft erreichen. Im Sommer herrscht hier reger Verkehr, da die Steinbuhne bei Hochwasser eine gute Bademöglichkeit bietet.

Diese, auch Lütt-Moor (Klein-Moor) genannte Hallig, ist ein Rest der Insel Alt-Nordstrand. Das Hochmoor im Untergrund der heutigen Hallig lag so hoch, daß es damals von der Überflutung verschont blieb und zahlreichen Überlebenden der Schreckensnacht vom 11. Oktober 1634 eine Zuflucht bot.

In der Folgezeit wurde dieses, bisher unbesiedelte Moorgebiet überschlickt und auf der Oberfläche in Halligrasen verwandelt. Auf der rund 500 ha großen Restfläche entstanden 16 Warften. Im Jahre 1656 erhielten die Bewohner eine eigene Kirche nebst Pastorat. Hier erlebte der »jüngere« Heimreich, der als Pastor seinem Vater, dem Chronisten Anton Heimreich, im Amte auf Nordstrandisch-Moor nachgefolgt war, wie Kirche und Pastorat in einer großen Sturmflut der Weihnachtsnacht 1717 ein Raub des Meeres wurden. (siehe S. 21)

Von den noch vorhandenen 20 Häusern jener Zeit wurden bis auf 2 alle »übel verwüstet«. Bei der Sturmflut von 1825 brachen wieder die Mauern aller Häuser ein, doch blieben die Dächer auf den Ständern stehen, so daß keine Menschenleben zu beklagen waren. Hingegen ertranken fast alle Schafe. Nach dieser Sturmflut wurde die Kirche nicht wieder aufgebaut. Nordstrandisch-Moor gehört seit 1825 kirchlich zu Odenbüll (Nordstrand).

Beerdigungen, selten genug bei der geringen Bevölkerungszahl, finden jedoch auf dem eigenartigen Friedhof dieser Hallig statt, der, von einem Graben umgeben, auf ebenem Felde liegt. Die Grabplatten sind flach im Boden eingelassen, so daß keine Sturmflut sie umwerfen und wegreißen kann. Nordstrandisch-Moor, das auf einer Gesamtfläche von etwa 180 ha noch vier Warften mit fünf Häusern trägt, wird häufig überflutet, bis zu 40mal jährlich.

Seit 1933 hat diese Hallig eine 5,4 km lange Dammverbindung zum Festlande, über dessen Lorenschiene das Amt für Land- und Wasserwirtschaft Uferschutz-Material herüber befördert.

In Zusammenhang mit der Hallig-Sanierung wurden auf Nordstrandisch-Moor Stromkabel und Wasserleitungen in den Häusern installiert. Doch erst im Jahre 1975 konnten die finanziellen Mittel bereitgestellt und in einem kombinierten Arbeitsgang Strom- und Wasserleitung zur Hallig verlegt werden. Am 1. Oktober feierte man auf Nordstrandisch-Moor das »Licht- und Wasserfest«.

Wo heute die nur noch 56 ha große Hallig Südfall liegt, war bis zum Jahre 1362 die Stätte des Hafenortes Rungholt, dessen Reste 1921 wieder entdeckt wurden.

Über dem versunkenen Rungholt ist Südfall nach 1362 aufgewachsen und erreichte nach Karten von Joh. Meyer und Peter Sax eine beachtliche Größe von etwa 400 ha. Die Sturmflut von 1634 beeinträchtigte diese Hallig schwer, hier ertranken 46 Menschen. Um 1800 hatte Südfall noch vier Warften, von denen drei besiedelt waren, die vierte bereits am Ufer lag und dem Untergang nahe war. Zwei weitere Warften fielen der Sturmflut von 1825 zum Opfer. Alle Einwohner von Südfall ertranken, bis auf die kurz vorher nach Pellworm übersiedelte Familie Peter Christiansen.

P. Christiansen kehrte nach der Sturmflut zurück und errichtete 1828 mit finanzieller Unterstützung des »Privathülfevereines für die Halligen« die heutige Warft. Er und seine Nachkommen lebten bis 1867 auf Südfall, dann wurde die Hallig für 6000 Taler verkauft.

In den folgenden Jahrzehnten wechselte Südfall des öfteren ihren Besitzer, bis sie 1910 von der Gräfin Diana von Reventlow-Criminil gekauft wurde. Das alte Halligbaus war nach der Jahrhundertwende abgebrochen und durch einen weniger schönen, zeitgenössischen Villenbau ersetzt worden. Die Gräfin hat dann bis zu ihrem Tod am 5. 8. 1953 auf Südfall gewohnt. Die Erben verkauften die Hallig 1954 für 20 000 Mark an das Land Schleswig-Holstein.

Seitdem hat der Nordstrander Landwirt Ernst August Dethleffsen die Hallig in Dauerpacht und läßt sie von Schafen beweiden. Land und Pächter ließen im Frühjahr 1959 das Villengebäude abbrechen und durch ein stilgerechtes Halligbaus, versehen mit einem sturmflutsicheren Ständerraum, ersetzen. In diesem Haus mit seinen Nebengebäuden wohnt, mit Ausnahme der Wintermonate, eine Schäfer-Familie, seit einigen Jahren während der Brutzeit auch ein Vogelwart. Auf Initiative von E. A. Dethleffsen wurde 1962 auf der Warft ein Beobachtungsturm mit Funkmast der »Deutschen Gesellschaft zur Rettung Schiffbrüchiger« errichtet. Im Windschutz eines hohen Zaunes gedeihen eine Vielzahl verschiedenster Bäume und Büsche als Versuchspflanzung. Hier soll sich zeigen, welche Baumsorten dem Halligklima gewachsen sind. Eine ganz besondere Bedeutung hat Südfall

Auf Hallig Nordstrandisch-Moor

Im Silberlicht des Wattenmeeres – Hallig Südfall

auch als Natur- und Vogelschutzgebiet. Durch Anregung des »Vereines Jordsand« und des, der Vogelwelt sehr aufgeschlossenen Halligpächters E. A. Dethleffsen, erfolgte im Januar 1959 die Erklärung der Unterschutzstellung durch das Land Schleswig-Holstein.

Süderoog

Die weit seewärts liegende Hallig Südfall wurde wegen ihrer Lage am Heverstrom, an der Einfahrt nach Husum, schon in ältesten Berichten und Karten mit der Seefahrt in Zusammenhang gebracht. Nach Joh. Meyer befand sich um 1650 auf Süderoog sogar ein Feuerturm, doch dürfte es sich allenfalls um einen Mast mit Feuerkorb gehandelt haben. Ein Seezeichen war auf dieser Hallig besonders wichtig geworden, weil Anno 1611 die bisherige Peilmarke, der Kirchturm der »Alten Kirche« auf Pellworm eingestürzt war. Im Jahre 1867 wurde eine Bake als neues, auch heute noch gültiges Seezeichen auf dem Süderoog-Sand errichtet. (Siehe S. 109)

Bedingt durch zahlreiche Strandungsfälle wurden schon vor 1600 unter den Bewohnern der Hallig Strandvögte bestellt. Sie waren verpflichtet, Pferde, Fuhrwerke und Gehilfen zu halten und erhielten dafür anteiligen Bergelohn von geborgenen Gütern und gestrandeten Schiffen.

Von 1608 an war Süderoog von den Vorfahren des letzten Privatbesitzers, der Familie Paulsen, »gefestet«, d. h. auf Dauer gepachtet und schließlich 1871 gekauft worden.

Die einzige Warft gehört mit ihren Bäumen, Sträuchern, einem gepflegten Fething und dem stilvollen Gebäude zu den schönsten Halligwarften. Bereits 1953 erhielt der Ostanbau einen sturmflutsicheren Schutzraum.

Einen internationalen Namen machte sich Süderoog durch das Wirken des hervorragenden Pädagogen Hermann Newton Paulsen, der 1924 zunächst auf Hooge und dann 1927 auf Süderoog ein Jugendheim einrichtete, das in den Sommermonaten für 300 Knaben aus Skandinavien, Island, der Schweiz und Deutschland eine Begegnungsstätte war. Süderoog erhielt den bezeichnenden Beinamen »Hallig der Jungs«. Als Hermann Newton Paulsen 1951, erst 53 Jahre alt, starb, setzte seine aus Schweden gebürtige Frau Gunvor Paulsen bis 1966 dieses Werk fort. Dank ihrer Beziehungen zum Schwedischen Roten Kreuz konnten tausende hilfsbedürftiger Kinder von Flüchtlingen und Vertriebenen aus dem Osten erholsame Wochen auf der Hallig verbringen.

Aus finanziellen Gründen und aus Gründen der Nachfolge ließ sich dieses bedeutende Werk der Völkerverständigung und Jugendhilfe über 1966 hinaus nicht fortsetzen. 1971 wurde Süderoog zum Verkauf angeboten und vom Land Schleswig-Holstein mit Beteiligung des Kreises Nordfriesland für 400 000 DM gekauft. Heute steht Süderoog unter Naturschutz. Die zahlreichen Brutvögel dieser Hallig werden gemeinsam vom Verein Jordsand und dem Bund für Vogelschutz betreut, deren Vogelwart einen Raum des Hallighauses bewohnt. Wie früher, so wird das Halligland noch beweidet, doch werden jene Flächen, auf denen sich die Vogelwelt konzentriert, durch Einzäunung geschützt.

Norderoog

Durch die Sturmflut des Jahres 1825 wurde die einzige Warft dieser Hallig zerstört. Der letzte Bewohner, Andreas Andresen, rettete sich zwar mit Frau und Magd auf einen Heuhaufen, doch die Verwüstungen von Haus, Warft und Fething waren so groß, daß Andresen seinen Besitz aufgab. Noch einmal, um die Mitte des 19. Jahrhunderts, versuchte die Witwe des Festebesitzers A. Hellmann auf Norderoog ein Haus zu errichten, brachte aber die dazu notwendigen Mittel nicht auf. Im Jahre 1891 wurde Norderoog dem Staat zum Kauf abgeboten, doch ein Besitzwechsel erfolgte erst im Jahre 1909, als der »Verein Jordsand« die Hallig als Vogelschutzgebiet erwarb. (siehe S. 116)

In der Zeit, als Norderoog unbewohnt war, wurde die Hallig sommertags als Weide benutzt. Aus dieser Zeit stammt die ältere Pfahlhütte. Schon damals nisteten auf Norderoog zahlreiche Seevögel.

Während alle anderen Halligen um die Jahrhundertwende durch staatliche Uferschutzmaßnahmen vor weiteren Landverlusten geschützt wurden, vollzog sich an Norderoog weiterhin das jahrhundertelange Schicksal der ständigen Zerstörung. Um 1800 war diese Hallig noch rund 30 ha groß. Davon sind bis zur Gegenwart nur etwa 8 ha nachgeblieben. Erst ab 1977 gelang es dem »Verein Jordsand« durch Materialspenden verschiedener Firmen sowie durch ständige Eigenleistung, den Restbestand der Hallig Norderoog zu sichern.

Post und Verkehr

Die Verkehrsverbindungen und das Postwesen der Halligen bestanden noch bis in die jüngste Zeit in nur bescheidenem Umfang und trugen manche originelle Züge, die wir auch gegenwärtig noch finden. Das Verkehrsbedürfnis war gering, und es gab z. B. noch im vorigen Jahrhundert zahlreiche Halligbewohner, die niemals ihren Fuß auf das Festland gesetzt oder gar eine Stadt besucht hatten, – vor allem Frauen, während die Männer früher als Seefahrer und später als Küstenschiffer doch regelmäßige Kontakte mit dem Festlande und den Nachbarinseln hatten.

Küstenschiffer waren es auch, die jahrhundertelang den Passagier- und Frachtverkehr zwischen den Halligen und dem Festland besorgten und bei dieser Gelegenheit auch die Post beförderten.

Regelmäßige Verkehrsverbindungen waren selten, immerhin gab es sie. Die Chronik berichtet von einer Fähre zwischen Hooge und Pellworm, die im Jahre 1618 vom Staller J. Maess an P. Hansen verfestet wurde. »Festebriefe« über Fährverbindungen bestanden auch im 17. und 18. Jahrhundert zwischen Langeneß und Gröde, Hooge und Nordmarsch, Oland und dem Festlande, wobei die Fährgerechtigkeit in der Regel mit dem Betrieb eines Kruges zusammenhing.

Bezüglich der Postbeförderung ist bekannt, daß seit etwa 1800 ein Postbote zwischen Nordmarsch, Langeneß und Oland sowie Ockholm im Sommer zwei – im Winter einmal, also jährlich dreimal die Post hin- und herbrachte. Erst ab 1850 wurde die Post alle 14 Tage über Ockholm befördert.

Als im Jahre 1864 das Herzogtum Schleswig aus dem dänischen Staatsverband gelöst und Preußen einverleibt wurde, erfolgte bald eine Aktivierung des Post- und Verkehrswesens nach den Regeln des neuen Staates. 1872 wurde ein »offizieller« Postschiffer bestellt. Es war Johannes Paulsen von Habel. Ab 1897 beförderte Wirk Matthiessen, Ockholm, als »Kaiserlicher Postbootschaffner« Personen, Post und Fracht mit der »Seenymphe« von Ockholm, später von Bongsiel und schließlich von Schlüttsiel zu den nächstgelegenen Halligen Gröde, Habel, Oland und Langeneß. Drei Generationen, Vater Wirk, Sohn Ernst und Enkel Erich Matthiessen haben bis 1970 diesen Dienst versehen.

Der Verkehr zur Hallig Hooge erfolgte lange Zeit über Pellworm.

Schon während der früheren Jahrhunderte bestand zwischen der Hooger Fähre (Pellworm) und Landsende (Hooge) eine Verbindung, die bis viermal wöchentlich durchgeführt wurde. 1864 wurde für diese Verbindung ein neuer Fährkontrakt abgeschlossen, der den Pächter, den Hooger Schiffer A. Hellmann verpflichtete, einen Ewer mit zwei Mann Besatzung und einer Jolle zu halten. Die Austragung der Post auf Hooge erfolgte jedoch durch einen eigens dazu bestellten Boten. Im August 1888 leistete der Hooger Pastor Thedens den Amtseid als Poststellenleiter, den Dienst jedoch versah der Postschiffer Heinrich von Holt. Ein Nachkomme, Hans von Holt, war der letzte Schiffer auf dieser Linie, die 1965 aufgegeben wurde, weil die ASAG-Verbindung über Schlüttsiel vorteilhafter war.

Die Postbeförderung zur Hallig Hooge wurde jedoch zunächst durch den Postschiffer E. Matthiessen übernommen. Erst seit dessen Tod im Jahre 1970 kommt die Post mit der Fähre »Amrum«, seit 1991 mit der »Hilligenlei« zur Hallig Hooge.

Die erwähnten Verbindungen zu den Halligen Oland und Langeneß, ausgehend vom Festlande durch die Familie Matthiessen, erhielten einen neuen Akzent durch den Dammbau, der seit 1927–28 beide Halligen über eine Lorenschiene direkt mit dem Festlande verbindet. Jahrzehntelang fuhr auf dieser Schiene ein originelles Verkehrsmittel, eine Segel-Lore, deren »Kapitän« in den Jahren von 1945 – 1970 die von Oland gebürtige Magda Matthiessen war. Widrige Winde verhinderten nicht selten den Gebrauch des Segels, und das bedeutete, daß die Lore mit ihrer Fracht geschoben werden mußte. Eventuelle Reisende mußten dabei ungeachtet ihres Ranges und Namens mitschieben. Fast 7 km lang ist der Schienenweg zwischen Dagebüll und Oland, und man kann sich die Mühsal mancher Fahrten vorstellen! Die Segel-Lore gehört nun der Vergangenheit an. Heute fahren Dieselloren über den Schienendamm.

Nicht weniger bekannt als die Segel-Lore und ihr Kapitän Magda Matthiessen sind die Wattenwege und ihre Postboten zu den Halligen Südfall und Süderoog. Hier ist vor allem der Pellwormer Heinrich Liermann zu nennen, der von 1917 bis 1963 nach Bedarf bis dreimal wöchentlich die Post zur Hallig Süderoog trug und diesen 15 km langen Wattenweg noch als 83jähriger machte, ehe er sich, ausgezeichnet mit dem Bundesverdienstkreuz, zur Ruhe setzte. Insgesamt hat Heinrich Liermann rund 100 000 km als Postbote zurückgelegt. Ein ähnli-

Die Segellore mit »Käptn Magda« auf dem Olander Damm

Postbote auf dem Wattenweg von Pellworm nach Süderoog

»Hilligenlei« – Halligfähre der WDR seit 1991

Auch abgelegene Halligen (hier Gröde) verzeichnen im Sommer einen beachtlichen Ausflugsverkehr

cher Wattenweg führt von Nordstrand zur Hallig Südfall, die auch mittels eines Pferdefuhrwerkes erreichbar ist. Von Nordstrand aus wird ebenfalls die Hallig Nordstrandisch-Moor durch eine Post- und Passagierlinie von Strucklahnungs-Hörn aus versorgt. Über den Schienendamm ist diese Hallig nur mühsam zu erreichen, der Damm dient vor allem den Material-Loren des Amtes für Land- und Wasserwirtschaft.

Oland, Langeneß, Gröde und bei Bedarf auch Habel, werden nach dem Tode des Postschiffers P.K. Paulsen durch Friedrich (»Fiede«) Nissen auf dem Post- und Passagierwege bedient, vorwiegend mittels Motorboot ab Schlüttsiel, gelegentlich aber auch über den Schiendamm ab Dagebüll.

Einen besonderen Rang hinsichtlich der Post- und Verkehrsverbindungen zu den Halligen gebührt der »Wyker Dampfschiffs-Reederei« (WDR), vormals »Amrumer Schiffsfahrts AG« (ASAG), die wiederum auf eine, durch die Familie Jakobs begründete Linie zurückgeht. Zunächst hatte August Jakobs von Langeneß zusammen mit seinem Sohn Hans von 1905 bis 1922 Frachtschifferei betrieben. Zusammen mit Sönke Petersen von Oland baute letzterer ab 1924 zusätzlich den Ausflugsverkehr zu den Halligen aus.

Nach dem 2. Weltkrieg wurde in Zusammenarbeit von Vater Hans und Sohn August Jacobs zunächst mit der »Ambronia« und ab 1951 mit dem Neubau »Hilligenlei« nicht nur der Ausflugsverkehr wieder aufgenommen, sondern auf der Strecke Bongsiel – Halligen – Amrum ein regelrechter Linienverkehr eingerichtet. Im Jahre 1960 wurde aus dieser Privat-Reederei Jakobs die ASAG gegründet, die in Husum unverzüglich den Neubau eines Schiffes in Auftrag gab. Im Oktober 1960 wurde die »Amrum« für den Transport von 250 Personen und 6 Pkws in den Dienst gestellt. Die Entwicklung führte dann im Jahre 1968 zu einem größeren Neubau für 350 Personen und 20 Pkws. Die neue Fähre wurde wieder »Amrum« genannt, das bisherige Schiff in »Stadt Husum« umgetauft.

Finanzielle Schwierigkeiten der ASAG erzwangen aber 1970/71 eine Fusion bzw. Übernahme durch die WDR, die seitdem, wie vorher die ASAG, nach einem festen Sommer- und Winterfahrplan auf der Linie Schlüttsiel-Halligen Hooge, Langeneß – Amrum fährt. Der Ausbau der Hafenanlagen im Hafen Schlüttsiel, der 1959 den vorherigen Festlandhafen Bongsiel ablöste, aber auch neue Anleger auf den Halligen, haben den Verkehr auf dieser Linie dem gestiegenen Aufkommen und den Zeitverhältnissen angepaßt. Im April 1991 wurde ein neues, größeres Fährschiff, die »Hilligenlei« von der WDR in den Dienst gestellt. Naturereignisse können den Verkehr mit den Halligen empfindlich behindern. Dies gilt nicht nur für Sturmfluten mit Landunter, die lediglich die Verbindungen verzögern, sondern vor allem für »Eiswinter«, die wochen- ja monatelang alle Schiffsverbindungen zwischen den Halligen und der Außenwelt unterbrechen. So blieb z. B. im Winter 1887 der auf Oland gestorbene Pastor Thormälen vier Wochen im Sarg liegen, ehe Pastor Ketels von Langeneß die Beerdigung vornehmen konnte. Und ein Jahr später, am 22. März 1888, wurde auf den Halligen der Geburtstag von Kaiser Wilhelm I. gefeiert, obwohl dieser bereits am 9. März gestorben war.

Verbindungs- und Versorgungsprobleme sind auch in späteren Eiswintern aufgetreten und bleiben gegenwärtig, weil in sehr strengen Wintern auch größere Fähren nicht mehr durch das Eis kommen. In Notfällen werden heute Hubschrauber eingesetzt, die auch bei anderen Gelegenheiten, Krankheitsfällen usw. schon oft als »rettende Engel« vom Himmel gekommen sind.

Ein letzter, strenger Eiswinter« war 1962/63, als die Eisdecke so fest war, daß Autos vom Festlanddeich nach Oland und Langeneß fuhren.

Im Sommer sind fast alle Halligen das Ziel von Ausflüglern, die mit Motorbooten über das Halligmeer kommen oder eines der regulären Linienschiffe benutzen. An der Festlandküste sind Schlüttsiel und Husum die Ausgangshäfen. Von Wyk auf Föhr und von Amrum fahren fast täglich Ausflugsboote zu den verschiedenen Halligen. Regelmäßig erscheinen sogar Schiffe von Sylt. Schließlich wird auch von Strucklahnungshörn auf Nordstrand durch die »Adler«-Flotte der Reederei Kurt Paulsen nach einem festen Programm gefahren. Einige Ausflugsschiffer sind auf den Halligen selbst zuhaus.

Bei Ebbezeit sind die Halligen Norderoog von Hooge, Süderoog von Pellworm und Südfall von Nordstrand aus zu Fuß durch eine Wattenwanderung zu erreichen. Diese Wanderungen sollten jedoch nur mit einem landschaftskundigen Führer erfolgen.

Auf Langeneß befördert der originelle »Hallig-Express« die Gäste

Von Langeneß, Oland und Nordstrandisch-Moor tuckern Dieselloren über Dämme zum Festland

Die Außensände

Seewärts der Halligen Hooge, Norderoog und Süderoog liegen drei riesige Sandbänke, die Grenze der Wattenfläche zur abfallenden Tiefe der Nordsee markierend. Sie werden als »Außensände« bezeichnet und heißen »Jappsand«, »Norderoog-Sand« und »Süderoog-Sand«. Wie die Sände an der Eiderstedter Westküste oder der Kniepsand von Amrum, sind auch die »Außensände« des Halligmeeres von Gezeitenströmungen und der Brandung aufgebaut, doch ist noch ungeklärt, ob die Sandmassen aus der freien Nordsee zur Küste verfrachtet werden, oder ob das Material aus dem hinterwärts liegenden Watt abgetragen und hier angelagert wird.

Die Rücken dieser Sandbänke liegen etwa einen Meter über dem mittleren Hochwasser. Im Sommer wird der weißleuchtende, trokkene Sand jedoch zu meterhohen Dünen aufgeweht, die einzelnen Salzpflanzen, vor allem dem Strandweizen (Binsenquecke) solange Daseinsmöglichkeiten bieten, bis eine größere Sturmflut die Dünen wieder einebnet. Noch bis Ende des vorigen Jahrhunderts trugen die »Außensände« fest bewachsene, sturmflutsichere Dünen. Wasser und Wind verändern auch gegenwärtig laufend Form und Lage dieser Sandbänke, die langsam von Westen nach Osten wandern.

Nur selten betreten Menschen diese Wüsten der Nordsee, und wenn, dann sind es Ornithologen und Geologen, Wasserbauwerker oder Angestellte des Wasser- und Schiffahrtsamtes, die das einzige Menschenmachwerk in dieser Naturlandschaft, die Bake auf dem Süderoog-Sand, warten. So haben die wenigen Seevögel, die hier in den Sommermonaten brüten, oder die Seehunde, die an den abfallenden Kanten ihre Ruheplätze haben, ein ungestörtes Dasein.

Die »Außensände« schützen als Wellenbrecher die äußersten Halligen, doch sind sie auch vielen Schiffen, die hier strandeten, zum Verhängnis geworden. Dies gilt besonders für den Süderoog-Sand, der im Norden den Heverstrom, den Schiffsweg nach Husum begrenzt. Kaufleute und Schiffer der Stadt Husum waren deshalb schon früh daran interessiert, ein markantes Seezeichen an der Einfahrt zur Hever zu setzen. Zunächst hatte der hohe Turm der »Alten Kirche« auf Pellworm als Markierung gedient. Als der Turm dann im Jahre 1611 zur Hälfte einstürzte, wurde auf Hallig Süderoog eine »Feuerbake« errichtet, die jedoch 1667 durch eine Eisflut vernichtet und offenbar nicht wieder aufgebaut wurde. Erst im Jahre 1867 erhielten die Hever und das Fahrwasser längs der »Gründe« zwischen Eiderstedt und Amrum durch den Bau einer Bake auf dem Süderoog-Sand wieder ein Seezeichen. Bei dieser Bake handelte es sich um ein 24 m hohes Balkengerüst mit kugelförmigen Topzeichen. Im unteren Teil befand sich ein Notraum für Schiffbrüchige. Als diese Bake bei einem Sturm im Frühjahr 1891 umgeweht wurde, verlegte man den Standort der neuen Bake um mehr als 2 km nach SSO. Auch diesmal wurde ein Raum mit Bettkojen, in Kisten verpackten Lebensmitteln und Notsignalen für Schiffbrüchige auf halber Höhe in das Gerüst hineingebaut. Im Jahre 1940 erhielt die Bake dann eine neue Gestalt, nachdem Gerüst und Topzeichen abmontiert und statt dessen ein Quermarkenfeuer auf die Bake gesetzt wurde. Das Licht wird aus einem Gasbehälter gespeist. Es wurde früher von Süderoog aus gewartet, heute fährt ein Boot des Wasser- und Schiffahrtsamtes von Zeit zu Zeit hierher, um die Gasflasche auszuwechseln. Gelegentlich kommen auch Arbeiter dieses Amtes, um das Gerüst zu teeren, – eine Arbeit, die etwa zwei Wochen dauert. Die alte Bake wurde 1987 abgebrannt und durch einen Neubau ersetzt.

Strandungsfälle

Die Bedeutung der Bake als Seezeichen und die Notwendigkeit des Rettungsraumes für Schiffbrüchige wurden durch zahlreiche Strandungsfälle in der Brandung des Süderoog-Sandes bestätigt. Seit Anfang des vorigen Jahrhunderts sind durch die ehemalige Strandvogtei auf Süderoog rund 50 Strandungsfälle registriert. Auszüge davon vermitteln eine Vorstellung von den dramatischen Ereignissen:

»Anno 1811 am 25. Dezember: Daniel Breiser von Schweden strandete mit Holzladung. Fünf Mann kamen glücklich nach Süderoog, drei Mann erfroren auf dem Sande.

1812, im Sommer: Es strandete ein Sonderburger Schiff, wobei 10 Mann ertranken. Zwei Mann kamen im Boot nach Süderoog.

1834: Eine Jacht von Fanö, mit Holz von England beladen, strandete auf Süderoog-Sand. Die Mannschaft ertrank. Der Kapitän und dessen Bruder wurden auf Süderoog begraben.

1845: Am 21. Oktober strandete die Brigg »Hermine« aus Rostock, Kapt. Jacob Müller. Die Mannschaft, 10 Mann, wurde gerettet.

1854: Am 20. November kamen hier 8 große Tonnen Malagener Wein an.

1860: Am 17. Oktober strandete auf Süderoog-Sand eine englische Brigg mit Steinkohlen beladen. Die Mannschaft ertrank. Der Kapitän und drei seiner Leute lagen am nächsten Tag auf dem Sand.
1863: Im Dezember strandete die Holländische Kuff »Maria Catrina«. Der Kapitän hieß Dirk Kramer. Der Steuermann Jacob de Fries war der Sohn eines im Jahre 1842 auf Süderoog gestrandeten und ertrunkenen Kapitänes.
1870: Am 15. November strandete das Hamburger Vollschiff »Örnen«. 13 Menschen ertranken, 9 kamen mit einem Boot auf Süderoog an.
1870: Am 2. Dezember strandete die spanische Bark »Ulpiano«. Wegen des Eises wurde die Mannschaft nur mit großer Mühe erst am 26. geborgen. (Ein Heckbild dieser Bark befindet sich noch heute über der Tür des Hauses auf Süderoog.)
1899: Am 27. Dezember strandete der Schleppdampfer »Hendrika« aus Emden. Die Besatzung rettete sich zur Bake.«

Das Heckbild der Bark »Ulpiano«

Die rund 24 m hohe Bake mit Quermarkenfeuer und Rettungsraum auf den Süderoog-Sand

Die Außensände sind die Heimat zahlreicher Seehunde

Vogelwelt im Halligmeer

Das nordfriesische Wattenmeer mit seinen Inseln und Halligen ist eine vogelreiche Landschaft. Überall fliegen Möwen oder sitzen wie leuchtende Punkte im Watt, um Muscheln und Krebse zu sammeln. Brandenten gründeln mit langen Hälsen in den Pfützen, Austernfischer, Brachvögel, Regenpfeifer und Strandläufer bewegen sich geschäftig, in Sand und Schlick nach Nahrung stochernd, hin und her, – bis die auflaufende Flut die Vögel zum Lande treibt. Bei Flut stoßen Seeschwalben fischend in das Meer, und Eiderenten tauchen herab auf den Grund, um Muscheln zu pflücken.

Kein anderes Landschaftsbild wird das ganze Jahr hindurch so auffallend von der Vogelwelt bestimmt, die hier nicht nur wegen der Häufigkeit der Vögel, sondern auch durch die flache, weitsichtige Landschaft betont wird. Dabei beherrschen See-, Strand- und Wasservögel ganz eindeutig die Vogelwelt im Halligmeer. Anderen Arten bietet diese Meereslandschaft nur beschränkten Lebensraum. Die Vögel des Festlandes sind hier mehr oder weniger nur auf dem Durchzuge bekannt. Nur wenige »Landvögel«, wie Rauchschwalbe, Star oder Haussperling, finden im Bereich der Warften geeignete Brutplätze, während einige Arten von Grasmücken, Laubsängern und Finken vereinzelt im Gartengebüsch größerer Warften nisten. Ebenso beschränkt sich die Artenvielfalt der »Landvögel« außerhalb der Warften auf dem Halligland. Nur Feldlerche, Wiesenpieper und Schafstelze sind hier regelmäßig zu verzeichnen, wobei die Feldlerche allerdings auf der, durch einen Sommerdeich geschützten Hallig Hooge mit einigen hundert Paaren ein häufiger Brutvogel ist. Auch auf den anderen Halligen fehlt sie nicht, Lerchenlieder erfüllen im Frühling unentwegt die Luft. Von Norderoog ist als Besonderheit zu nennen, daß dort Stare mehrfach am Boden in der dichten Strandhafervegetation nisteten.

Von den See- und Strandvögeln ist der Austernfischer eine allgegenwärtige Vogelgestalt. Auf beweideten Fennen, wo er sein Gelege lautstark gegen Vieh verteidigen muß, in der Salzvegetation der Halligufer oder auf sandigen, muschelbedeckten Flächen sind die einfachen Nestmulden mit den 3 Eiern (gelegentlich auch Vierergelege) zu finden. Von Koppelpfählen aus, oder in der Luft, erklingt das aufgeregte »Djüü – djüü – djüü« des hochbeinigen Rotschenkels, der im hohen Gras sein verstecktes Gelege hat. Auf Hallig Hooge, die wegen ihres Sommerdeiches und der überwiegenden Süßwasserflora ein Sonderfall für die Halligornis ist, hat sich der Kiebitz als Brutvogel eingestellt. Auch die eigentümlichen Kampfläufer-Hähne treffen sich auf vereinzelten Plätzen und zeigen ihre bunten Halskrausen beim Balzspiel, um Weibchen anzulocken. Immer wieder kommt es auf einigen Halligen auch zu Einzelbruten der rostbraunen Uferschnepfe. Die Hamburger Hallig ist seit langem als einer der wenigen Brutplätze des Säbelschnäblers bekannt, der mit klagendem »Klü – klü – klü – klü« dem Störenfried entgegenfliegt. Neuerdings findet sich auch der zierliche Alpenstrandläufer vereinzelt als Brutvogel ein.

Wo an Halligufern kleinere Flächen mit Sand oder Muschelschalen bedeckt sind, wird man mit Sicherheit das wehmütige »Büü-ip« des Sandregenpfeifers oder den kurzen Pfiff des Seeregenpfeifers hören, aber kaum die zwischen Muschelschalen gut getarnten Gelege finden. Auch die Steindecken des Uferschutzes werden immer wieder als Brutplatz vom Sandregenpfeifer benutzt.

In den letzten Jahren ist die Eiderente, offenbar in Zusammenhang mit der Vermehrung der Miesmuschel nach einer Reihe milder Winter, im Bereich des nordfriesischen Wattenmeeres ein häufiger Vogel geworden. Seit etwa 1970 breitet sie sich von ihrem Hauptbrutplatz Amrum über andere Inseln und Halligen aus, so daß auf Norderoog und Hooge fast alljährlich Gelege gefunden werden. Dagegen war die farbenprächtige Brandente schon immer auf den Halligen vertreten, allerdings hinsichtlich des Nistplatzes auf menschliche Hilfe angewiesen. Als Höhlenbrüter findet die Brandente nur selten naturgegebene Verstecke im flachen Halligland. Deshalb legen nach altem Brauch die Halligbewohner an Grabenrändern mit Brettern und Grassoden abgedeckte Höhlen an, jedoch nicht aus Naturfreundlichkeit! Vielmehr muß die Brandente als Gegenleistung einen Teil ihres Geleges für die Halligküche opfern. Auf einigen Halligen (Norderoog und Hooge) ist auch die Stockente ein regelmäßiger Brutvogel. Das umfangreiche Gelege liegt gut versteckt in hoher Vegetation am Grabenrand. Die Silbermöwe, die zusammen mit der Lachmöwe die zu den Halligen fahrenden Fähren begleitet und von ihrer Größe her zu den auffälligsten Vogelgestalten des Halligmeeres gehört, hat um die Jahrhundertwende nur ausnahmsweise auf den Halligen gebrütet. Erst durch nachhaltige Störungen infolge militärischer Anlagen und Übungen in ihren früheren Brutplätzen, den Dünen auf Sylt, hat die Silbermöwe neue Brutplätze gesucht. Auf Hooge wurde um 1920 das erste Gelege

Flußseeschwalbe

Brandgans

Säbelschnäbler

Silbermöwe

Rotschenkel

Austernfischer

gefunden, und man darf annehmen, daß auch auf Südfall und Süderoog erst um diese Zeit eine Ansiedlung als ständiger Brutvogel erfolgte.

Heute ist die Silbermöwe im Halligmeer mit den Schwerpunkten Hooge, Süderoog und Südfall ein häufiger Brüter. Auch auf anderen Halligen fehlt sie nicht, ferner findet man ihre Nester auf kleinen Anhöhen der Außensände. Allerdings werden sowohl außer- als innerhalb der Schutzgebiete Möweneier gesammelt oder unfruchtbar gemacht, um die Vermehrung dieses Vogels in Grenzen zu halten, da immer wieder Übergriffe auf Gelege und Jungvögel anderer Vogelarten zu registrieren sind.

Ähnliches gilt für die Lachmöwe, die ab 1934 vom Binnenlande her die Inseln und Halligen, zuerst Norderoog, zu besiedeln begann und heute fast überall als Brutvogel vertreten ist. Die Sturmmöwe kommt dagegen nur in vereinzelten Brutpaaren vor.

Den Möwen verwandt sind die Seeschwalben, von deren weltweit verbreiteten Arten die Küsten-, Fluß-, Zwerg- und Brandseeschwalben auf den Halligen brüten. Die größte Verbreitung haben Fluß- und Küstenseeschwalben, die in Einzelpaaren oder Kolonien auf kurzgrasigen und sandigen Flächen fast aller Halligen brüten. Im Brutgebiet sind besonders die Küstenseeschwalben sehr angriffslustig und stoßen mit wütendem »Krriä« bis auf den Kopf des Störenfriedes herab, diesen oft empfindlich verletzend. Zwergseeschwalben wird man jedoch nur dort finden, wo Sandbänke und Sandstrände mit Muschelschalen sind, wie z. B. auf dem Ostzipfel von Südfall. Kleinere Bestände gibt es ferner auf Süderoog und den Außensänden. Die Brandseeschwalbe ist im Bereich des Halligmeeres ständig nur auf Norderoog zu finden, wenn es auch schon zu Brutkolonien auf anderen Halligen, so auf Süderoog gekommen ist. Außerhalb ihrer Brutplätze sehen wir die Seeschwalben als elegante Flieger und zielsichere Stoßtaucher beim Fischfang in der Flut.

Norderoog – die Hallig der Seevögel

In Zusammenhang mit der Vogelwelt im Halligmeer muß die kleine Hallig Norderoog wegen ihrer Bedeutung als Brutplatz besonders genannt werden. Nach Schätzungen des Vogelkundlers Naumann haben Anfang des 19. Jahrhunderts noch einige zehntausend Seeschwalben, vor allem Brandseeschwalben, hier gebrütet. Ständiges Absammeln der Gelege durch die Bewohner der umliegenden Inseln und Halligen und die fortschreitende Reduzierung der Landfläche haben den Bestand jedoch bis zur Jahrhundertwende bedeutend vermindert. In dieser Situation entschloß sich im Jahre 1909 der kurz vorher gegründete »Verein Jordsand zum Schutze der Seevögel« die seit 1825 unbewohnte Hallig zu erwerben und die hier brütenden Seevögel in seine Obhut zu nehmen. Durch Mithilfe gleichgesinnter Idealisten gelang es, die verhältnismäßig hohe Kaufsumme von 12 000 Goldmark aufzubringen und damit den Kauf von Norderoog zu sichern. Ein Pfahlbau, der als Unterkunft eines Schäfers seit 1868 am Nordufer stand, diente als Behausung des Vogelwartes in der Brutzeit zwischen April und August. Der erste Vogelwart hieß Jens Wand. Er war von 1907 bis 1950 im Amt, ehe er auf dem Wattenweg von Hooge nach Norderoog vom plötzlich aufkommenden Nebel überrascht wurde und ertrank.

Die nahezu ein Jahrhundert lang unveränderte Silhouette mit dem Pfahlbau erhielt 1964 durch den Bau einer zweiten, größeren Hütte einen neuen Akzent. In diesem Jahr begann auch durch Eigeninitiative des »Vereines Jordsand« und der Vogelwärter die Sicherung der seeseitigen Ufer, um den fortschreitenden Landverlust zu unterbinden oder wenigstens zu verzögern. Der Uferschutz und die sich hieraus ergebenden Kosten sind bis heute ein vorrangiges Problem dieser Hallig geblieben. Die Bedeutung Norderoogs als Brutplatz für die Vogelwelt des Halligmeeres wird durch die jährlichen Brutberichte des »Vereines Jordsand« unterstrichen. 1973 brüteten hier u. a. über 1000 Küstenseeschwalben, reichlich 200 Flußseeschwalben, 850 Brandseeschwalben und 220 Austernfischer. Wie in fast allen Seevogelschutzgebieten haben sich auch auf Norderoog zunehmend Möwen angesiedelt. Die Lachmöwe ist mit fast 500 Paaren, die Silbermöwe mit 120 und die Sturmmöwe mit 24 Paaren (1973) vertreten. Die »Bestandslenkung«, d. h. die Reduzierung der Möwen aus den genannten Gründen, gehört heute zu den Hauptaufgaben des Vogelwartes.

Außer Norderoog stehen die Hamburger Hallig und Südfall unter Naturschutz, neuerdings auch Süderoog, sowie das gesamte nordfriesische Wattenmeer zwischen Eiderstedt und der deutsch-dänischen Grenze, eingeschlossen die »Außensände«. Die Brutvögel der Hamburger Hallig wurden vom »Bund für Vogelschutz« betreut. Südfall ist in Obhut des »Vereines Jordsand«, während Süderoog von beiden Vereinen gemeinsam bewacht wird. Darüber hinaus bemüht sich die

»Schutzstation Wattenmeer« in ihren Informations-Zentren auf Inseln und Halligen das Verständnis und die Liebe zur Natur zu wecken und die Idee des Naturschutzes unter den Besuchern der Inselwelt zu verbreiten.

Einen besonderen Aspekt im Rahmen des Naturschutzes bildet auch eine 20 ha große Fläche auf Hallig Langeneß. Sie wurde durch Mittel einer Brauerei für den internationalen Naturschutzverband WWF (World Wildlife Fund) erworben und teilweise im Urzustande belassen, so daß sich dort Fauna und Flora, ungestört durch Mahd oder Viehtritt, entwickeln können.

Zugvögel

Die Brutvögel der Sommerzeit sind nur ein Teil des Vogellebens im Halligmeer. Den anderen Teil erlebt man im Herbst und im Frühjahr, wenn Stimmen und Gestalten nordischer Zugvögel das Watt erfüllen. Hier sind es wiederum Limicolen wie Alpenstrandläufer, Knutts, Sanderlinge, Zwergstrandläufer, Goldregenpfeifer, Große Brachvögel, Regenbrachvögel, Pfuhl- und Uferschnepfen, Grünschenkel und andere, die einzeln in kleinen Trupps, aber auch in Scharen von mehreren tausend Vögeln das Watt überfliegen, oder hier zur Rast und Nahrungssuche einfallen. Besonders Alpenstrandläufer und Knutts treten in massierten »Vogelwolken« auf und zeigen eindrucksvolle Flugspiele. Das nordfriesische Wattenmeer ist auch ein bevorzugtes Durchzugs- und teilweise Überwinterungsgebiet für Enten und Gänse aus dem Norden und Osten Europas. Zeitweilig versammeln sich auf den Grasländereien der Hamburger Hallig bis zu 15 000 Weißwangengänse, etwa die Hälfte des gesamten Weltbestandes. Und überall erklingt in der Zugzeit das »Ronk ronk – rott-rott« der Ringelgänse, die im Watt vom Seegras äsen, aber auch oft an Land kommen, um Gras auf den Halligweiden zu fressen. Seit den 1970er Jahren ist die Anzahl der Ringelgänse so angewachsen, daß alljährlich im Frühjahr auf fast allen Halligen beachtliche Grasschäden entstehen. Den Halligbauern wird deshalb von staatlicher Seite eine Entschädigung gezahlt.

Brandseeschwalben-Kolonie (mit Austernfischer) auf Norderoog

Die Wohnhütten des Vogelwartes – zum Schutze gegen Sturmfluten auf Ständern

Halligflora

Die »urtümliche« Halligflora, die nur etwa 25 Arten umfaßt, wird ganz überwiegend von solchen Pflanzen bestimmt, die Salzwasserüberflutungen vertragen oder für ihr Dasein sogar verlangen. Nur auf den Warften finden wir eine »kultivierte«, von der Besiedlung beeinflußte Pflanzenwelt. Und die Hallig Hooge bildet insofern eine Ausnahme, weil sie infolge des Sommerdeiches und der dadurch bedingten geringeren Anzahl von Überflutungen eine überwiegende Süßwasservegetation trägt. Hier werden lediglich das Halligufer und die Prielkanten im Inneren der Hallig, soweit sie mit dem Meer in Verbindung stehen und bei Flut mit Salzwasser gefüllt werden, von Salzpflanzen geprägt.

Bereits im Watt außerhalb der Halligen stoßen wir auf charakteristische Blütenpflanzen dieser amphibischen Landschaft. In dichten »Strähnen« liegt bei Ebbe das Seegras auf dem Watt. Im Nährstoffkreislauf des Wattenmeeres spielt diese Pflanze eine wichtige Rolle und im Herbst und Frühjahr fallen Scharen von Ringelgänsen auf den Seegraswiesen ein, um hier zu äsen. Nach Sturmfluten liegen dichte Bündel von losgerissenem Seegras angespült am Strande.

Unmittelbar an flachen, auflandenden Halligufern oder im aufgeschlickten Vorland längs der Verbindungsdämme stehen zwei andere Pflanzen, die ebenfalls täglich überflutet werden: Der Queller mit seinen dickfleischigen Stengeln und Blättern, und das Englische Schlickgras. Der Queller gilt als die »Pionierpflanze« der Neulandgewinnung, doch ist ihm mit dem Schlickgras eine beachtliche Konkurrenz erwachsen. Das Schlickgras wurde 1927 zur Förderung der Landgewinnung an der Schleswig-Holsteinischen Küste ausgesät und hat sich mit seinen Horsten, die noch auf Watten bis zu einem Meter unter Mittelhochwasser gedeihen, so verbreitet, daß der Queller mancherorts verdrängt wurde.

Eine besonders interessante Pflanzengesellschaft bildet sich am Halligufer, unmittelbar an der Grenze von Land und Meer. Bereits im Mai blüht mancherorts gleich weißen Blumenteppichen das Dänische Löffelkraut. Später stehen hier die niedrigen Salzschuppenmiere mit ihren weiß-violetten Blütensternen, die dichten Bestände der Strandmelde und der saftiggrüne Strandwegerich, der gelegentlich von den Halligbewohnern gepflückt und als eine würzige Speise verwendet wird. Dazwischen gedeihen später die violetten Blüten der hochwachsenden Strand-Aster und die silbergraue Porste des Strandbeifußes. Im Juli schließlich werden die Halligufer und die tieferen Lagen der Halligwiesen vom blühenden Strandflieder geschmückt, der über große Flächen einen rosavioletten Schimmer ausbreitet. Der Strandflieder, auch Bondestave genannt, ist die Charakterpflanze der Halligen. Wo der Halligstrand vom Seesand überlagert ist, dominiert eine andere Gesellschaft von Salzpflanzen. Hier stehen die kurze, fleischige Salzmiere, die Büsche des Salzkrautes und des Meersenfs sowie das rasenartig über den Boden kriechende Milchkraut. Die Grasvegetation des Halligufers wird vom Andel, stellenweise auch von der Bottenbinse bestimmt, denen sich landeinwärts die weniger der Überflutung ausgesetzten Gräser, darunter der Rotschwingel, anschließen. Auch die hochstengelige Strandnelke ist hier eine gebietsweise sehr häufige Blume.

Ist die Hallig Hooge mit ihrer überwiegenden Süßwasserflora unter den Halligen ein Sonderfall, so ist es Norderoog durch seine »Dünenpflanzen«, bedingt durch die Sandwälle am Ufer. Hier finden Binsenquecke, Standroggen und schließlich auch der Strandhafer einen geeigneten Lebensraum.

Halligwiese mit Strandbeifuß und Strandflieder

Strandmelde, Strandaster und Dänisches Löffelkraut

Strandbeifuß, Meerstrand-Wegerich und Strandflieder

Salzmiere, Queller und Englisches Schlickgras

Gemeine Grasnelke, Meersenf und Milchkraut

Lebensraum Wattenmeer

Während der Ebbezeit fällt etwa zwei Drittel des Wattengebietes im Halligmeer trocken. Nur in den Tiefs und Prielen bleibt Wasser zurück. Diese eigenartige Landschaft ist der Lebensraum einer vielfältigen und zahlreichen Tierwelt, die wir zum Teil am Ufer angespült oder auf Wattwanderungen entdecken können.

Der Flutsaum, die tägliche Hochwassermarke der Nordsee, wird vor allem mit Seegras sowie Meerespflanzen, Algen und Tangen, gebildet. Von den Seetieren sind Muscheln und Meeresschnecken am häufigsten vertreten, doch handelt es sich ja nur noch um die leeren Schalen und Gehäuse dieser Weichtiere. Krebse, Stachelhäuter, Röhren verschiedener Würmer, Eiballen der Wellhornschnecke, Eikapsel des Rochens und der kalkartige Schulp des Tintenfisches sind weitere Dinge, die regelmäßig im Flutsaum zu finden sind. Im Hochsommer treiben oft tausende von verschiedenen Quallen an.

Das Watt selbst gehört zu den, von Tieren am dichtesten besiedelten Räumen unserer Erde. Milliarden von Wattschnecken und winzigen Krebstieren leben in Sand und Schlick. Die Masse bleibt dem Auge des Wanderers aber verborgen: Salzkäfer, Schlickkrebse, aber auch fast alle Muschelarten leben unterirdisch, ebenso zahlreiche Arten von Würmern, von denen der Wattwurm auf der Oberfläche die charakteristischen Sandkringel bildet.

In den Prielen sowie in der tieferen Nordsee tummeln sich zahlreiche Fische, die mit der Flut herauf auf das Watt kommen, vor allem Plattfische, aber auch Aale und Aalmuttern. Im Frühsommer zieht der Hornfisch, im Hochsommer die Makrele in Scharen durch das Halligmeer. Seit einigen Jahren erscheint auch die Meeräsche.

Auf den Sandbänken, die bei Ebbe zwischen den Halligen trocken fallen, sowie an den Kanten der Außensände haben Seehunde ihre Ruheplätze. Hier werden im Juni – Juli die jungen Seehunde geboren, die sogleich schwimmfähig sind.

Um diese einmalige Landschaft und ihre Tierwelt zu bewahren, wurde das Nordfriesische Wattenmeer am 23. Januar 1974 zum Naturschutzgebiet erklärt. Eine noch weitergehende Maßnahme, die Einrichtung des Landschaftsraumes als »National-Park«, erfolgte im Oktober 1986. Teile des Wattenraumes im Bereich der Halligen sowie die Außensände liegen in der Schutzzone 1.

Muschelschalen am Strande

1 Große Sandklaffmuschel 2 Gestutzte Klaffmuschel 3 Herzmuschel 4 Große Bohrmuschel 5 Plattmuschel 6 Pfeffermuschel 7 Dreieckmuschel 8 Amerikanische Bohrmuschel 9 Trogmuschel 10 Miesmuschel 11 Auster Unten rechts Gehäuse der Wellhornschnecke

Funde im Flutsaum

1 Strandkrabbe 2 Eikapsel des Rochens 3 Schulp des Tintenfisches 4 Strandigel 5 Röhre des Köcherwurmes 6 Entenmuschel 7 Eiballen der Wellhornschnecke 8 Gemeiner Seestern 9 Kompaßqualle

Von Eisblöcken eingeschlossen liegen die Halligen in der Stille des Winters

Schrifttum – Quellenverzeichnis

Bantelmann, Albert: »Die Landschaftsentwicklung an der schleswig-holsteinischen Westküste«, Neumünster 1967

Busch, Andreas: »Die heutige Hallig Südfall und die letzten Spuren Rungholts«, Die Heimat, Juli 1957

Degn/Muuß: »Topographischer Atlas Schl.-Holst.«, Neumünster 1966

dies.: »Luftbildatlas Schleswig-Holstein«, Neumünster 1965

Dekker, Pieter: »Westfries. Schiffsfliesenbilder in Nordfriesland«, Friesisches Jahrbuch 1973

ders.: »Drei Hooger Kommandeure auf holländischen Walfang im 18. Jahrhundert«, Monatsheft Schleswig-Holstein 23, 1971

Heimreich, Anton: »Nordfresische Chronik«, Neudruck 1926, Zwickau

Heinrich/Jacobs: »Land unter«, Breklum 1962

Hansen, C. P.: »Chronik der fries. Uthlande«, Garding 1877

Jensen, Chr.: »Die nordfries. Inseln vormals und jetzt«, Lübeck 1927

Johansen, Chr.: »Eine untergehende Inselwelt«, Schleswig 1889

Karf, Fritz: »Segelfahrt durch die Welt der Halligen«, Rendsbg. 1954

Kühn, Hans J.: »Hallig Hooge im Wandel«, Die Heimat, Heft 79

Kraft, Heinrich: »Fährverbindungen zwischen Festland, Inseln und Halligen in alter und neuer Zeit«, Heimatkalender 1970

Lorenzen, Lorenz: »Beschreibung der wunderbaren Insel Nordmarsch« in Jahrbücher des Nordfries. Vereines 1927, 1928, 1929.

Lorenzen, Jens: »Die Sprachverhältnisse auf den Halligen«, Heft Nordfriesland 23 – 24, 1972

Müller, Friedrich: »Das Wasserwesen an der schleswig-holsteinischen Nordseeküste« – »Die Halligen«, 2 Bände, Berlin 1917

Muuß/Petersen: »Die Küsten Schleswig-Holst.«, Neumünster 1971

Peters, Lorenz Conrad: »Nordfriesland«, Husum 1929

Quedens, Georg: »Nordsee-Natur«, Heide 1968

ders.: »Die Halligen, Pellworm und Nordstrand erzählen«, Itzehoe 1969

ders.: »Föhr«, Breklum 1973

Reinersdorf, Arnd v.: »Die Sanierung der Halligen«, Nordfriesland, Heft 13–14, 1970

Riecken, Guntram: »Die Halligen im Wandel«, Husum 1982

Schiller, H. Th.: »Kleines Halligbuch«, Breklum 1966, 3. Auflage

Schirrmacher, Günter: »Hallig Hooge«, Breklum 1973

Wohlenberg, Erich: »Die Halligen Nordfrieslands«, Heide 1969

Zeitungen: »Husumer Nachrichten«, »Nordfriesland Nachrichten«, aktuelle Tagesberichte.